中国象棋经典布局系列

中炮过河车急进中兵对屏风马平炮兑车

朱宝位　刘海亭　编著

时代出版传媒股份有限公司
安徽科学技术出版社

图书在版编目(CIP)数据

中炮过河车急进中兵对屏风马平炮兑车 / 朱宝位，刘海亭编著. --合肥：安徽科学技术出版社，2019. 1 (2023. 4 重印)
(中国象棋经典布局系列)
ISBN 978-7-5337-7447-9

Ⅰ. ①中… Ⅱ. ①朱…②刘… Ⅲ. ①中国象棋-布局(棋类运动) Ⅳ. ①G891. 2

中国版本图书馆 CIP 数据核字(2018)第 000403 号

中炮过河车急进中兵对屏风马平炮兑车　　朱宝位　刘海亭　编著

出 版 人：丁凌云　　选题策划：刘三珊　　责任编辑：刘三珊
责任校对：岑红宇　　责任印制：李伦洲　　封面设计：吕宜昌
出版发行：安徽科学技术出版社　　http://www.ahstp.net
(合肥市政务文化新区翡翠路 1118 号出版传媒广场，邮编：230071)
电话：(0551)63533330
印　　制：唐山富达印务有限公司　　电话：(022)69381830
(如发现印装质量问题，影响阅读，请与印刷厂商联系调换)

开本：710×1010　1/16　　印张：11. 5　　字数：207 千
版次：2023 年 4 月第 3 次印刷

ISBN 978-7-5337-7447-9　　定价：45. 00 元

前　　言

中炮过河车急进中兵对屏风马平炮兑车，是对攻激烈、变化比较复杂的一体变例。它属于典型的急攻型战术，兴起于20世纪60年代，现在已有较为深入的发展，经常被喜爱攻杀型的棋手所采用。平炮兑车变例中尤以急进中兵变例攻杀、搏斗最为激烈、复杂，此变例尤其要注重“先”与“势”的优劣，而不计较一兵一卒、一马一炮，甚或第一主力(车)的得失。

本书专门介绍和阐述中炮过河车急进中兵对屏风马平炮兑车的各种局式、变化及其攻防战略。全书分六章71局，最后附有实战对局选例20局，以供读者在阅读研究时与本书理论部分的内容互相印证，随着实战经验的积累，不断提高这种布局的技战术水平。

限于笔者水平，书中不妥之处在所难免，希望得到棋界同好的批评、指正。

编者

目　　录

实战对局选例

第一章　红急进中兵　黑飞右象、进卒吃兵类

第一节　黑飞右象变例

第1局　红冲中兵对黑飞右象

1.炮二平五　马8进7　　2.马二进三　车9平8
3.车一平二　马2进3　　4.兵七进一　卒7进1
5.车二进六　炮8平9　　6.车二平三　炮9退1
7.兵五进一　…………

形成中炮过河车急进中兵对屏风马平炮兑车的常见局面。红方冲中兵从中路突破，是一种急攻型的走法，由于双方对攻激烈，局面复杂，常为喜爱攻杀型的棋手所采用。

7.…………　士4进5

黑方补士巩固中防，是比较稳健的走法。

8.兵五进一　…………

红方续冲中兵，是近年来比较流行的走法。

8.…………　炮9平7

9.车三平四　象3进5(图1)

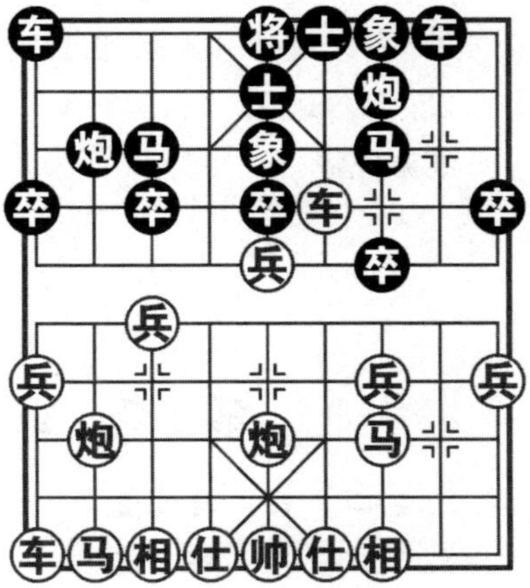

图1

黑方飞右象巩固阵势，系旧式应法。

如图1形势，红方有两种走法：(一)马三进五；(二)兵五平六。分述如下：

第一种走法：马三进五

10.马三进五　卒5进1

黑方如改走卒7进1，则兵五进一，马7进8，车四平三，马8退9，车三退二，车1平4，马八进七，车4进6，兵五进一，象7进5，炮八平九，马3退4，车九平八，炮2

进4，马五进四，车8进4，马七进六，炮7进2，兵七进一，卒3进1，马四进六，红方大占优势。

11. 炮五进三　车1平4　　12. 炮八平四　…………

红方平肋炮，意在快速出动左翼子力。

12. …………　马7进5　　13. 马八进七　炮7进5
14. 车九平八　炮2进4　　15. 马五进四　炮7平6
16. 车四平一　车4进6　　17. 车一退二　车8进6
18. 仕六进五　炮6平5　　19. 炮四平五　车8平6
20. 马四退五　炮2平5　　21. 车一平五

红方先手。

第二种走法：兵五平六

10. 兵五平六　…………

红方平兵，也是一种常见的走法。

10. …………　车1平4　　11. 马三进五　卒7进1
12. 炮八平六　车4平2　　13. 马五进三　炮7进4
14. 兵三进一　车8进4　　15. 兵六进一　车8平4
16. 兵六平七　车4进3　　17. 前兵进一　炮2进1
18. 车四进二　车2平3　　19. 仕四进五　车4平2

黑方应改走车4退1为宜。

20. 车九进二　车2平1　　21. 相七进九　车3进2
22. 马八进七　车3平4　　23. 车四退五

红方优势。

第二节　黑进卒吃兵变例

第2局　红冲中兵对黑进卒吃兵

1. 炮二平五　马8进7　　2. 马二进三　车9平8
3. 车一平二　马2进3　　4. 兵七进一　卒7进1
5. 车二进六　炮8平9　　6. 车二平三　炮9退1
7. 兵五进一　士4进5　　8. 兵五进一　炮9平7
9. 车三平四　卒5进1

黑方进卒吃兵，嫌急。

10. 马三进五（图 2）　…………

红方如改走车四平七，则马 3 退 4，马三进五，炮 2 平 5，马八进七，卒 5 进 1，炮五进二，车 1 平 2，炮八进二，车 2 进 5，马七进八，车 8 进 5，炮五进一，车 8 平 5，车七退一，马 7 进 5，炮五进二，象 7 进 5，车七平四，车 5 进 1，相七进五，马 4 进 3，双方均势。

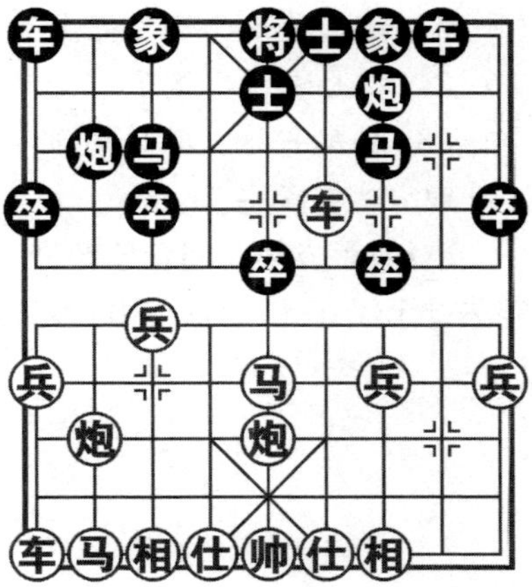

图 2

如图 2 形势，黑方有两种走法：（一）卒 5 进 1；（二）卒 7 进 1。分述如下：

第一种走法：卒 5 进 1

10. …………　卒 5 进 1

黑方如改走象 3 进 5，则炮五进三，车 1 平 4，炮八平四，红方大占先手。

11. 炮五进二　象 3 进 5　　12. 炮八平四　马 7 进 5

13. 马八进七　车 1 平 4　　14. 车九平八

红方优势。

第二种走法：卒 7 进 1

10. …………　卒 7 进 1

黑方冲 7 卒，是 20 世纪 80 年代出现的变例。

11. 马五进三　炮 7 进 4　　12. 兵三进一　车 8 进 6

黑方左车过河，新的尝试。另有两种走法：①马 7 进 8，兵三进一，马 8 进 7，车四退三，马 7 进 8，马八进七，象 3 进 5，炮五平二，卒 3 进 1，车九进一，卒 3 进 1，车九平二，卒 3 进 1，马七退五，马 3 进 4，炮二进三，车 1 平 4，炮八平二，车 8 平 9，前炮平五，红方优势；②卒 5 进 1，马八进七，车 8 进 6，炮八进二，卒 5 进 1，炮五退一，马 3 退 4，炮八退一，卒 5 进 1，炮八平五，炮 2 平 5，相七进五，红方优势。

13. 炮五退一　象 3 进 5　　14. 炮八平三　…………

红方应改走车四平七较好。

14. …………　马 7 进 8　　15. 车四进二　车 8 平 7

16. 车九进二　马 8 进 9　　17. 炮三平五　车 7 平 4

18. 后炮平三　车4平7　　19. 车九平八　车7进2
20. 车八进五　马3退4　　21. 马八进七　卒5进1
22. 炮五进五　马4进5　　23. 车八平五　车7退3
24. 相七进五　车7平6　　25. 车四退四　卒5平6
26. 车五平七　卒6平5　　27. 车七退一　车1平2

双方各有顾忌。

小结:黑方第9回合象3进5和卒5进1两种变例,系旧式应法,由于两种应法过于保守,缺乏反击力,容易落入下风,因此这种应法在实战中较少出现。

第二章　红急进中兵　黑弃7卒类

第一节　黑进车下二路变例

第3局　红退马踩卒对黑冲兑3卒(一)

1. 炮二平五　马8进7　　2. 马二进三　车9平8
3. 车一平二　马2进3　　4. 兵七进一　卒7进1
5. 车二进六　炮8平9　　6. 车二平三　炮9退1
7. 兵五进一　士4进5　　8. 兵五进一　炮9平7
9. 车三平四　卒7进1

黑方弃7卒，从红方右翼展开反击，是针锋相对的走法。

10. 马三进五　…………

红方弃兵跃马，力争对攻速度，势在必行。

10. …………　卒7进1

黑方冲卒吃兵，保持积极的对攻之势，正着。

11. 马五进六　车8进8

黑方进车下二路寻求反击，积极有力之着。

12. 马八进七　象3进5

黑方飞象继续贯彻弃子计划，正着。

13. 马六进七　…………

红方吃马谋取实利，常见的选择。

13. …………　车1平3

黑方弃马后再平车捉马，是目前认为的最佳应法。

14. 前马退五　…………

红方退马吃卒，保留实力，是比较稳健的走法。如改走前马进五，则士6进5，兵五进一，马7进5，车四平五，炮7进8，仕四进五，车3平4，车五平四，车4进6，兵七进一，车8进1，车九进一，卒7平6，马七进八，炮7平4，仕五退四，炮

4平6，车四平三，炮6平3，帅五进一，车4平5，黑方胜势。

14. ………… 卒3进1

黑方冲3卒邀兑，准备打开七路线进行反击，常用的战术。

15. 兵七进一 …………

红方吃卒应兑，即刻形成激烈的对攻之势，新的尝试。

15. ………… 马7进5 16. 兵五进一 …………

红方弃相冲兵吃马，是改进后的走法。

以往曾走炮五进四，炮7进8，仕四进五，车3进4，帅五平四，炮2退2，马七进八，炮7平4，仕五退六，卒7进1，马八退六，车3进2，车四退三，卒7进1，帅四平五，卒7平6，黑方抢攻在先。

16. ………… 炮7进8 17. 仕四进五 车3进4

18. 炮八退一（图3） …………

如图3形势，黑方有三种走法：（一）车8退8；（二）车8退4；（三）车8进1。分述如下：

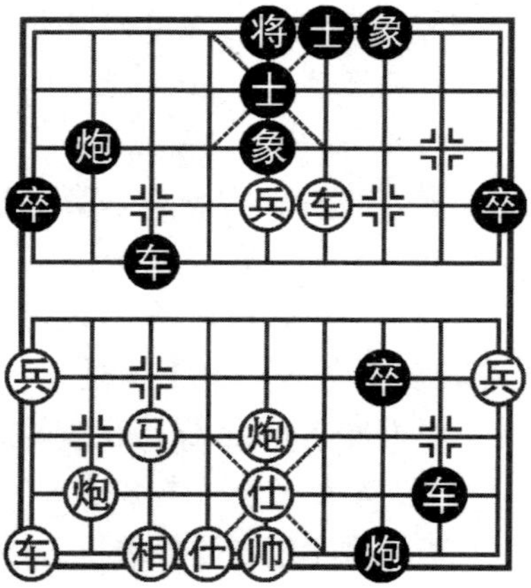

图3

第一种走法：车8退8

18. ………… 车8退8

黑方退底车，嫌缓。

19. 车九进二 …………

红方升车保马，保持变化。如改走兵五进一，则象7进5，车四平八，炮2平4，车九进二，炮7平9，仕五进六，卒7进1，车八进三，炮4退2，炮八平六，车3平5，炮六进八，车8进9，帅五进一，车8退1，帅五退一，士5退4，马七进六，卒7进1，黑方胜势。

19. ………… 炮7平9

20. 车九平八 炮2平4

21. 仕五进六 …………

红方扬仕，好棋。如改走兵五进一，则象7进5，仕五进六，卒7进1，帅五进一，炮9平3，车八进七，炮4退2，车八退三，车8进9，车八平五，车3平2，炮八进三，车8退1，车四退五，车8平6，帅五平四，卒7平6，帅四平五，卒6平5，帅五进一，象5退7，炮八平二，车2平8，炮二平五，炮4进2，黑方优势。

21. ………… 卒7进1　22. 帅五进一 …………

红方上帅，预作防范，应走之着。

22. ………… 炮9平3　23. 车八进七　炮4退2

黑方如改走象5退3，则兵五平六，炮4平5，帅五平六，车8进6，兵六平七，车8平4，车八平七，车4退6，车七平六，将5平4，仕六进五，红方多子占优。

24. 车四进二

红方优势。

第二种走法：车8退4

18. ………… 车8退4

黑方双车联手，改进后的走法。

19. 车九进二　炮7平9　20. 车九平八　炮2平4

21. 仕五进四 …………

红方扬仕，新的尝试。

另有两种走法：①帅五平四，炮4退2，兵五进一，象7进5，车四退四，车8进5，帅四进一，车3平8，仕五进六，炮9退1，黑方胜势；②仕五进六，卒7进1，帅五进一，炮9平3，车八进七，炮4退2，车四进二，车8平5，黑方胜势。

21. ………… 卒7进1

黑方如改走车3平5，则兵五进一，象7进5，车八进一，卒7进1，马七进五，车5平3，车八进六，炮4退2，炮八平六，卒7进1，炮五进五，士5进6，车四平六，红方抢攻在先。

22. 兵五进一　象7进5　23. 炮五平三　车3平5

24. 帅五平四 …………

红方如改走相七进五，则车8进3，车四平三，象5进7，红方难应。

24. ………… 车8进5　25. 帅四进一　车5进5

黑方胜势。

第三种走法：车8进1

18. ………… 车8进1

黑方进车，力争主动的走法。

19. 车九进二　象5退3

黑方退象，恰到好处。如改走炮7平4，则仕五退四，炮4退1(如炮4退2，则马七退六，炮4进1，兵五进一，象7进5，车九平八，炮4平7，马六进七，炮2

平4，车四平六，炮7进1，帅五进一，炮4退2，车八进七，车3平5，马七进六，红方大占优势），兵五进一，象7进5，车九平八，车8退2，车四平五，炮2进6，炮五进五，将5平4，车八进七，将4进1，车八退一，将4退1，炮五平三，红胜。

20. 炮八平七　…………

红方如改走兵五平六，则炮2平5，帅五平四，车3平5，炮八进八，象3进1，炮五进五，车5退2，马七进五，车5平8，车九平七，炮7退2，帅四进一，后车进6，帅四进一，炮7平3，黑方胜势。

20. …………　车3平8　　21. 炮七进八　…………

红方如改走车九平八，则炮2进2，黑方下伏炮2平6、炮2平5的手段，足可一战。

21. …………　炮2进7

黑方献炮虎口，精妙之着！

22. 车四退五　后车平5　　23. 马七退八　炮7平4

24. 仕五退四　炮4平2　　25. 帅五进一　车5平3

26. 车九退一　车3退4

黑方大占优势。

第4局　红退马踩卒对黑冲兑3卒（二）

1. 炮二平五　马8进7　　2. 马二进三　车9平8

3. 车一平二　马2进3　　4. 兵七进一　卒7进1

5. 车二进六　炮8平9　　6. 车二平三　炮9退1

7. 兵五进一　士4进5　　8. 兵五进一　炮9平7

9. 车三平四　卒7进1　　10. 马三进五　卒7进1

11. 马五进六　车8进8　　12. 马八进七　象3进5

13. 马六进七　车1平3　　14. 前马退五　卒3进1

15. 马七退五　…………

红方退窝心马，先避开黑方3路卒的直接威胁，这是20世纪90年代出现的走法。

15. …………　卒3进1　　16. 炮八平六　炮2退1

黑方先退炮，是一种稳健的走法。

17. 车九平八　马7进8

黑方如改走炮2平4，则炮六退一，车8退4，车四退二，马7退9，兵五平四，卒3进1，前马退三，红方优势。

18. 车四退一　卒3平4　　19. 车八进三　车3进8

20. 前马退三　…………

红方象口献马，妙手！黑方如接走象5进7去马，则红有车四进三捉炮的先手，黑方难应。

20. …………　卒4进1（图4）

黑方弃卒引车，是改进后的走法。如改走炮2平3，则车八进六，炮3退1，马五进七，卒4平5，兵五进一，车3平2，车八平九，士5退4，马三进四，炮7平6，兵五进一，红方大占优势。

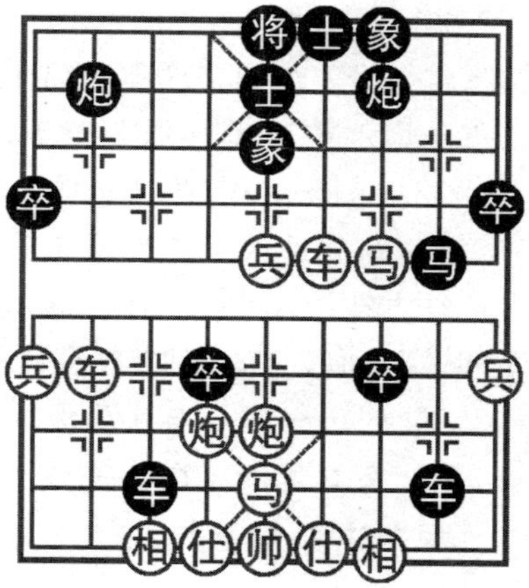

图4

如图4形势，红方有三种走法：（一）马三进四；（二）炮六平八；（三）车八平六。分述如下：

第一种走法：马三进四

21. 马三进四　士5进6

22. 车八进五　卒4进1

23. 车八平三　卒4平5

黑方卒4平5去炮失算，应改走士6退5为宜。

24. 车四进二　车3平4

黑方如改走卒5进1，则仕四进五，下伏帅五平四，红方胜势。

25. 相三进五　士6进5　　26. 车四退二　车8退3

27. 相五进三

红方优势。

第二种走法：炮六平八

21. 炮六平八　卒4进1

黑方如改走炮2进6，则兵五进一，卒4平5，兵五进一，卒5进1，车八进六，士5退4，马三进四，炮7平6，车四平六，绝杀，红胜。

22. 炮八进六　炮7平2

黑方如改走卒4进1，则炮八平三，车3进1，炮五进五，红方抢杀在前。

23. 车八进五　卒4平5　　24. 车八进一　象5退3

25. 相七进五

红方多子胜定。

第三种走法:车八平六

21. 车八平六　…………

红方平车吃卒,稳健的走法。

21. …………　车3平4

黑方平车,控肋。

22. 炮五进二　…………

红方升二步炮,改进后的走法。如改走兵五进一,则炮2进8,炮五进五,象7进5,炮六平五,车4退2,炮五进五,士5进4,马五进六,红方稍优。

22. …………　炮2进8　23. 炮六平八　车4退2
24. 马五进六　车8平4　25. 仕四进五　…………

红方补仕,稳健的走法。如改走马六退四,则车4进1,帅五进一,马8退7,车四进一,炮7进3,双方各有顾忌。

25. …………　车4退2　26. 马三进二　马8进9
27. 马二退四　炮7进8　28. 兵五进一

双方对攻,红方占优。

第5局　红退马踩卒对黑冲兑3卒(三)

1. 炮二平五　马8进7　2. 马二进三　车9平8
3. 车一平二　马2进3　4. 兵七进一　卒7进1
5. 车二进六　炮8平9　6. 车二平三　炮9退1
7. 兵五进一　士4进5　8. 兵五进一　炮9平7
9. 车三平四　卒7进1　10. 马三进五　卒7进1
11. 马五进六　车8进8　12. 马八进七　象3进5
13. 马六进七　车1平3　14. 前马退五　卒3进1
15. 马七退五　卒3进1　16. 炮八平六　马7进8

黑方跳马逼红右车定位,改进后的走法。

17. 车四平三　…………

红方平车捉炮,正着。如改走车四退一,则黑方有炮2进2的先手。

17. …………　炮2退1　18. 车九平八　车8平6

黑方如改走卒3进1,则炮六进六,炮7平4,车八进八,炮4进5,炮五进一,卒7平6,炮五进一(如后马进六,则马8进6,炮五平七,马6进4,仕四进五，车3进6，黑方胜势），炮4平5，后马进四，车8平6，马五退七，车6退2，兵五平四，红方胜势。

19. 兵五平六（图5）　…………

红方如改走炮六退一，则车6退3（如车6退1，则兵五平六，平3进3，炮六平七，卒3平2，车八进四，车3进5，前马退七，车6平5，相三进五，象5进3，车三退一，马8进9，车三退二，炮7平9，车三平二，红方优势），兵五平六，卒3平2，炮六平八，车6平5，炮八进七，炮7平2，炮五平八，炮2平1，黑方虽少一子，但有两卒渡河，足可一战。

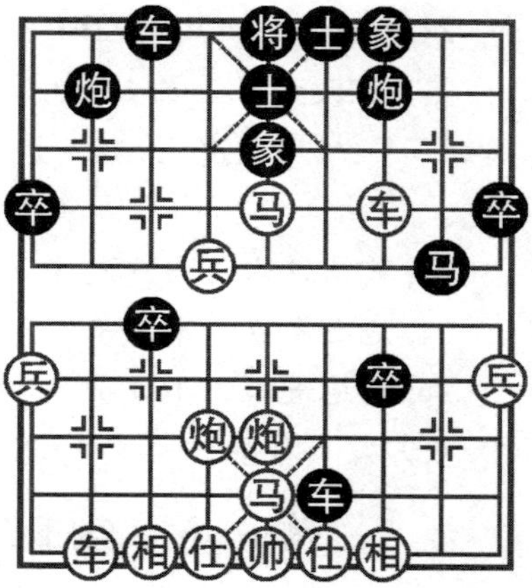

图5

如图5形势，黑方有两种走法：（一）车3进3；（二）车6退5。分述如下：

第一种走法：车3进3

19. …………　车进3

黑方高车牵制红马，易为红方所算。

20. 后马进七　…………

红方进马，正着。如改走前马退七，则马8进6，车八进八，马6进5，车八进一，象5退3，车三进二，车6进1，黑胜。

20. …………　马8退6

黑方退马，无奈。如误走卒3进1，则车三进二，炮2平7，马五进七，红胜。

21. 兵六进一　…………

红方献兵妙手！因黑如接走车3平4吃兵，则马七进六，黑车被打死。

21. …………　马6进5

黑方如改走车3退3，则兵六进一，卒3进1，兵六平五，马6进5，兵五进一，士6进5，仕四进五，卒3进1，炮六退一，车6退6，马五退三，车6进2，车八进八，象7进5，车三进二，红方胜势。

22. 炮五进一　车3退3　23. 炮六平五

红方优势。

第二种走法：车6退5

19. …………　车6退5

黑方退车邀兑，减轻左翼压力，稳健的走法。

20. 车三平四　马8退6　21. 炮六平七　…………

红方平炮打车，新的尝试。如改走车八进六，则卒3进1，前马退四，马6进5，炮五进一，车3进5，炮六平五，卒7平6，后炮进二，车3平5，马五进四，车5进1，后马退五，车5退1，黑方稍优。

21. ………… 卒3平4

黑方如改走车3平4，则前马进七，车4进2，马七退九，车4进2，马九进八，炮7平2，马五进三，炮2进4，马三进五，车4进2，马五进四，红方多子稍优。

22. 前马退六 马6进5
23. 炮五进一 车3进5
24. 炮七平五 车3平4
25. 马五进七 车4平3
26. 后炮进二 车3平5

双方大体均势。

第6局 红退马踩卒对黑冲兑3卒(四)

1. 炮二平五 马8进7
2. 马二进三 车9平8
3. 车一平二 马2进3
4. 兵七进一 卒7进1
5. 车二进六 炮8平9
6. 车二平三 炮9退1
7. 兵五进一 士4进5
8. 兵五进一 炮9平7
9. 车三平四 卒7进1
10. 马三进五 卒7进1
11. 马五进六 车8进8
12. 马八进七 象3进5
13. 马六进七 车1平3
14. 前马退五 卒3进1
15. 马七退五 卒3进1
16. 炮八平六 马7进8
17. 车四平三 炮2退1
18. 车九平八 卒3平4
20. 兵五平四(图6) …………

红方如改走兵五平六，则卒4进1，以下红方另有两种走法：①炮六退一，车8退3，前马退七，卒4进1，马七进六，炮2平4，车三平七，车3平1，车七平八，卒4平5，前车进三，车1平2，车八进九，士5退4，相三进五，马8进6，炮六平七，马6进4，炮七进八，将5进1，黑方优势；②炮五进五，象7进5，后马进六，卒7平6，马六进四，马8进6，马五退四，卒6进1，仕六进五，卒6进1，炮六平五，车8进1，车三平五，车8平7，炮五进五，士5进6，车五平三，车7退6，马四进三，车3进3，车八进八，车3平7，炮五退五，红方易走。

如图6形势，黑方有两种走法：(一)卒4进1；(二)卒4平5。分述如下：

第一种走法:卒4进1

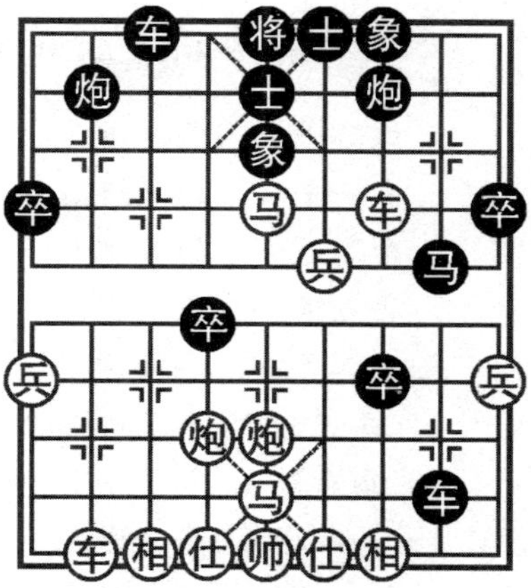

图6

19.…………　卒4进1

黑方冲卒捉炮,略嫌软弱。

20.炮五进五　象7进5
21.后马进六　卒7平6
22.马六进四　马8进6
23.马五退四　车8退3
24.马四退六　车3进6
25.马六进五　卒6进1
26.仕六进五　车8平5
27.车三平九　炮2平3
28.车九退二　车5平1
29.兵九进一　卒6进1　30.炮六平五

红方优势。

第二种走法:卒4平5

19.…………　卒4平5

黑方平中卒,改进后的走法。

20.炮六进六　…………

红方此着可考虑改走车八进三或炮六进三,红仍持先。

20.…………　炮7平4　21.车八进八　炮4进5

黑方进炮准备炮镇中路,取势要着。

22.车三退二　卒7平6　23.车三平五　炮4平5
24.车八退五　车8平6　25.车五平二　…………

红方平车捉马,授人以隙。应改走车五退一,卒6平5,车八平五为宜。

25.…………　车3进9

黑方抓住红方的失误,进车吃相催杀,令红方防不胜防。

26.车八平六　车3退6　27.兵四平五　炮5平9
28.车六进一　卒6进1　29.炮五进一　炮9进3
30.车二退四　马8进9

黑方胜势。

第7局　红退马踩卒对黑冲兑3卒(五)

1. 炮二平五　马8进7　2. 马二进三　车9平8
3. 车一平二　马2进3　4. 兵七进一　卒7进1
5. 车二进六　炮8平9　6. 车二平三　炮9退1
7. 兵五进一　士4进5　8. 兵五进一　炮9平7
9. 车二平四　卒7进1　10. 马三进五　卒7进1
11. 马五进六　车8进8　12. 马八进七　象3进5
13. 马六进七　车1平3　14. 前马退五　卒3进1
15. 马七退五　卒3进1　16. 炮八平六　炮2进4(图7)

黑方进炮,企图威胁红方中路。

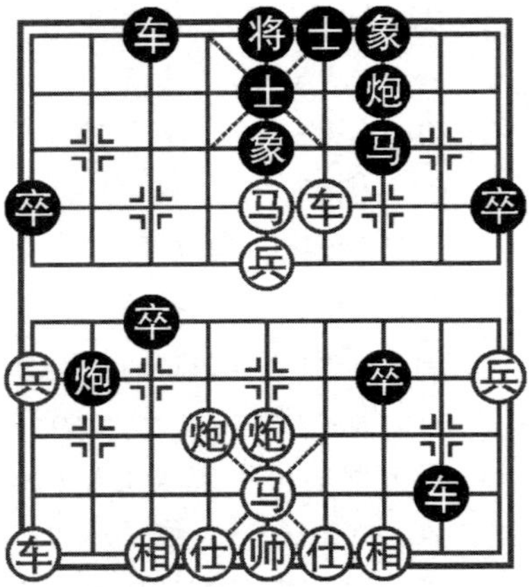

图7

如图7形势,红方有两种走法:(一)炮五进一;(二)车四进二。分述如下:

第一种走法:炮五进一

17. 炮五进一　卒7平6
18. 车四进二　卒6平5

黑方如改走炮2退5,则车四退五,车8平6,相三进一,红方优势。

19. 车九平八　…………

红方如改走车四平三,则马7进5,兵五进一,车3平4,炮六平三,车8平6,兵五进一,象7进5,车三平四,车6平7,车四退六,车4进8,车九进二,炮2平9,形成红方多子、黑方有卒过河,各有顾忌的局面。

19. …………　炮2平9　20. 车四平三　…………

红方如改走前马进三,则车8平6,车四平三,炮9进3,黑方胜势。

20. …………　马7进8

黑方满意。

第二种走法:车四进二

17. 车四进二　…………

红方进车捉炮,新的尝试。

17. …………　马7进8　18. 前马进三　…………

红方不吃黑炮反弃马，正着。如改走前马退三，则炮2平5(如象5进7，则车四平三，炮2平5，炮六进四，车3进3，炮六平五，车3平5，兵五进一，车8平6，车九平八，象7进5，兵五进一，象7退5，车八进九，士5退4，车八退六，卒7平6，车八进四，红方胜势)，炮六进四，炮7平9，炮六平五，炮9进5，黑方满意。

18. ………… 炮2平5

黑方如改走马8退7，则炮五进五，士5进4，车九平八，红方优势。

19. 车四平三　马8退6　　20. 车三平四　马6进8
21. 马三退四　车8平6　　22. 马四退五　车6退7
23. 车九平八　车6进4　　24. 兵五进一　卒7平6
25. 后马进三　马8进7　　26. 兵五进一　卒6平5
27. 马三进五　马7进5　　28. 兵五进一　士6进5
29. 相七进五　卒3进1

双方各有顾忌。

第8局　红退马踩卒对黑冲兑3卒(六)

1. 炮二平五　马8进7　　2. 马二进三　车9平8
3. 车一平二　马2进3　　4. 兵七进一　卒7进1
5. 车二进六　炮8平9　　6. 车二平三　炮9退1
7. 兵五进一　士4进5　　8. 兵五进一　炮9平7
9. 车三平四　卒7进1　　10. 马三进五　卒7进1
11. 马五进六　车8进8　　12. 马八进七　象3进5
13. 马六进七　车1平3　　14. 前马退五　卒3进1
15. 炮五退一　…………

红方退中炮，意欲消除黑方在己方三路线的反击。

15. ………… 卒3进1　　16. 相七进五　卒3进1

黑方如改走卒7平8(如卒7平6，则车四退三，卒3进1，马七进五，卒3平4，后马进六，红方优势)，则炮五平九，车8平2，炮八平九，车2退1，前炮进四，车2平3，车九平八，炮2退1，前炮进三，后车进3，后炮平三，马7进8，车四退一，马8进9，炮三进五，卒3平2，车九进四，后车进3，马五进三，后车平1，炮三进二，车1退6，炮三平八，车3退1，车八平四，将5平4，前车进四，士5退6，车四进五，红方胜势。

17. 炮八退一　车8退2　　18. 炮八平七(图8)　…………

红方平炮牵制黑卒，伺机而动。

如图8形势，黑方有两种走法：(一)卒7平6；(二)马7进8。分述如下：

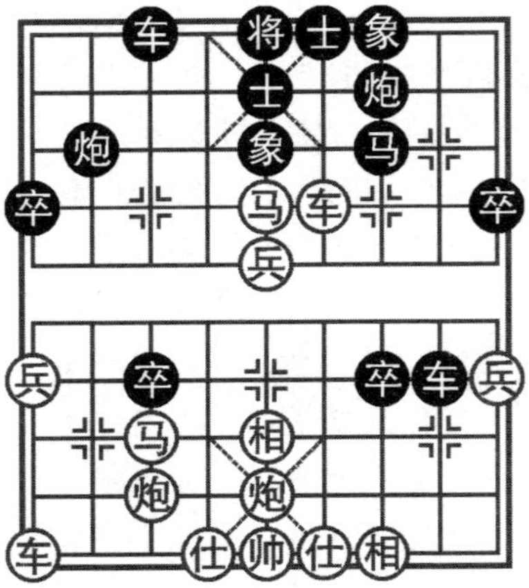

图8

第一种走法：卒7平6

18. ………… 卒7平6

19. 车九平八 炮2退1

20. 炮七退一 …………

红方退炮，灵活之着。

20. ………… 车3平4

黑方如改走车8进2，则车四退三，车8平6，马五退三，车6平7，马三退五，炮2平3，马七退九，车7平6，马五进三，炮3进8，车八平七，车6退2，马三退四，马7进8，兵五进一，红方多子，大占优势。

21. 炮七进三 …………

红炮打卒，简明的走法。如改走马五进七，则车4进6，黑有对攻之机。

21. ………… 卒6进1　　22. 车四退四 车8平3

23. 马五进三 车3进1　　24. 炮五平二 车4进6

黑方如改走炮7进8，则仕四进五，炮2进6，炮二进八，车4进8，马三进四，红方大占优势。

25. 马三退四 车4平8　　26. 炮二平五 车8平4

27. 兵五进一

红方优势。

第二种走法：马7进8

18. ………… 马7进8　　19. 车四平三 马8进6

黑方进马捉车，伏有先弃后取手段，改进后的走法。

20. 车三进二 马6进4　　21. 车九平七 马4进3

22. 车七进一 卒3进1　　23. 车七平八 炮2平4

24. 相五进七 …………

红方扬相拦车，构思巧妙，是扩大优势的有力之着。

24. ………… 车8退1

黑方如改走车3进5，则兵五平六，卒3进1，车八进八，车3退5，车八平七，象5退3，马五退四，炮4平5，马四退五，红方占优。

25. 车三退五	车8平3	26. 车三平六	前车平5
27. 车八进四	车3进3	28. 炮五进一	卒3进1
29. 仕六进五	炮4退2	30. 炮五平一	

红方多子占优。

第9局　红退马踩卒对黑冲兑3卒(七)

1. 炮二平五	马8进7	2. 马二进三	车9平8
3. 车一平二	马2进3	4. 兵七进一	卒7进1
5. 车二进六	炮8平9	6. 车二平三	炮9退1
7. 兵五进一	士4进5	8. 兵五进一	炮9平7
9. 车三平四	卒7进1	10. 马三进五	卒7进1
11. 马五进六	车8进8	12. 马八进七	象3进5
13. 马六进七	车1平3	14. 前马退五	卒3进1
15. 炮五退一	卒3进1	16. 相七进五	卒3进1
17. 炮八退一	车8退2	18. 马七进五(图9)	…………

红方直接跳出中马，改进后的走法。

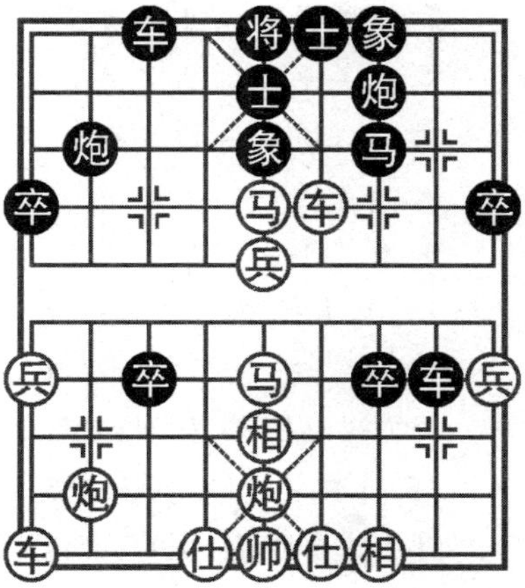

图9

如图9形势，黑方有两种走法：(一)马7进8；(二)卒3进1。分述如下：

第一种走法：马7进8

18. ………… 马7进8

黑方跃马踏车，略嫌急躁。

19. 车四平三 炮2退1

20. 车三退二 …………

红方退车抢占要点，着法细腻有力。

20. ………… 卒7平6

21. 后马进六 卒6进1

22. 炮八平七 …………

红方平炮打车意图给左车让出通道，大局感极强的走法。

22. ………… 车3平2

23. 车九平八	卒3平2	24. 车八平七	炮2平3
25. 马五进七	卒6进1	26. 炮七平四	…………

红方弃车打卒，实出黑方意料，由此奠定了多子优势。

26. ………… 炮3进8 27. 相五退七 车8平7

黑方兑车,出于无奈。

28. 车三进四 车7退5 29. 马七进八

红方多子,大占优势。

第二种走法:卒3进1

18. ………… 卒3进1 19. 马五进六 卒7进1

20. 马五进七 马7进8 21. 车四平三 炮7进1

22. 车九平七 …………

红方平车弃马,准备消灭过河黑卒,简明的走法。

22. ………… 炮7平3 23. 车七进二 马8进6

24. 车三平八 马6退4 25. 兵五平六 炮2进6

26. 车八退五 车8平4

黑方足可抗衡。

第10局 红退马踩卒对黑进马捉车(一)

1. 炮二平五 马8进7 2. 马二进三 车9平8

3. 车一平二 马2进3 4. 兵七进一 卒7进1

5. 车二进六 炮8平9 6. 车二平三 炮9退1

7. 兵五进一 士4进5 8. 兵五进一 炮9平7

9. 车三平四 卒7进1 10. 马三进五 卒7进1

11. 马五进六 车8进8 12. 马八进七 象3进5

13. 马六进七 车1平3 14. 前马退五 马7进8

黑方进马捉车,相对稳健的一种选择。

15. 车四平三 马8进6 16. 车三进二 …………

红方进车吃炮,正着。如改走车三退三,则炮7进8,车三退三,马6进4,仕四进五,马4进3,帅五平四,马3进1,黑方优势。

16. ………… 马6进4

17. 仕四进五 马4进3

18. 帅五平四 马3进1

19. 车三退五 马1退2

黑方以马换炮,简化局势的走法。

20. 炮五平八(图10) …………

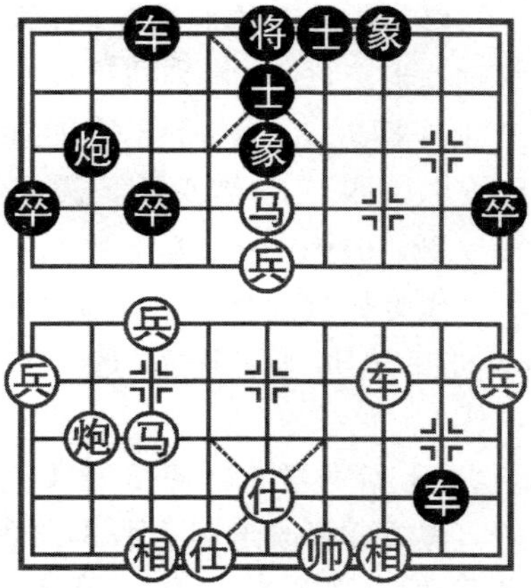
图 10

如图 10 形势，黑方有两种走法：(一)车 8 退 3；(二)车 8 退 4。分述如下：

第一种走法：车 8 退 3

20. ………… 车 8 退 3

黑方退车骑河，常见的走法。

21. 马七进五　车 3 平 4

22. 后马进三　…………

红方进马，抢先之着。如改走炮八进二，则车 8 退 3，后马进六，车 8 进 2，炮八进一，车 4 进 3，相七进五，卒 3 进 1，兵七进一，车 8 平 5，兵七进一，车 4 进 1，炮八平五，车 4 平 5，马五进七，炮 2 平 1，双方均势。

22. ………… 炮 2 进 3　　23. 相七进五　车 4 进 3

黑方如改走炮 2 平 7，则相五进三，车 4 平 2，炮八平六，车 2 进 4，炮六进三，红方稍优。

24. 帅四平五　士 5 进 6

黑方如改走炮 2 平 7 打马，则相五进三，形成车马炮多兵对双车的局面，也是红方优势。

25. 马三进四　车 8 退 2　　26. 车三平八　炮 2 进 2

27. 马四退三　车 8 退 2　　28. 车八退一

红方优势。

第二种走法：车 8 退 4

20. ………… 车 8 退 4　　21. 炮八进三　…………

红方另有两种走法：①马七进五，车 8 平 5，炮八平五，炮 2 进 4，后马进三，车 5 退 1，车三平八，卒 3 进 1，车八平四，将 5 平 4，马三进四，车 3 进 2，马四进三，卒 3 进 1，炮五平六，将 4 进 1，车四进一，红方优势；②车三平五，卒 3 进 1，炮八进三，车 8 进 5，相七进五，卒 3 进 1，车五平三，卒 3 平 2，马七进六，车 8 退 4，马六进四，车 8 平 5，马四进二，炮 2 退 1，马二退三，卒 2 进 1，黑方易走。

21. ………… 车 8 进 1

黑方如误走车 8 平 5 吃中兵，则马五退七，打死黑车。

22. 马七进五　…………

红方如改走相七进五，则车8平5，马七进五，炮2平4，后马进三，车3平2，炮八退二，炮4平1，马三进二，炮1退1，车三平六，车2平4，车六平四，车4进3，车四进二，车5平8，车四进一，车8退1，马二退四，车8进2，炮八退一，车8平6，帅四平五，炮1进5，黑方优势。

22. ………… 车8平5

黑方如改走卒3进1，则兵七进一，车8平2，后马进六，象5进3，马五进七，炮2进1，车三进三，炮2平3，车三平七，车2退1，车七平一，红方多兵占优。

23. 后马进三 卒3进1

黑方亦可改走车5平3，红如接走炮八退三，则前车进2（如卒3进1，炮八平三，前车平6，帅四平五，卒3进1，马三进二，炮2退1，马二退四，红方易走），炮八退一，前车平2，炮八平六，车3平4，炮六进一，车4进5，双方各有顾忌。

24. 炮八退三 …………

红方退炮，正着。如改走兵七进一，则车5平2，兵五平六，象5进3，兵六平七，象7进5，红方有失子危险。

24. ………… 卒3进1 25. 炮八平二 车5平6

黑方应改走炮2进7，红如接走马三进二，则炮2退7，马二退三，车5平6，帅四平五，卒3进1，黑方足可一战。

26. 帅四平五 卒3进1 27. 马三进二 炮2退1

28. 马二退四

红方优势。

第11局 红退马踩卒对黑进马捉车（二）

1. 炮二平五 马8进7 2. 马二进三 车9平8
3. 车一平二 马2进3 4. 兵七进一 卒7进1
5. 车二进六 炮8平9 6. 车二平三 炮9退1
7. 兵五进一 士4进5 8. 兵五进一 炮9平7
9. 车三平四 卒7进1 10. 马三进五 卒7进1
11. 马五进六 车8进8 12. 马八进七 象3进5
13. 马六进七 车1平3 14. 前马退五 马7进8
15. 车四平三 马8进6 16. 车三进二 马6进4
17. 仕四进五 马4进3 18. 帅五平四 马3进1

19. 车三退五　车8退3

黑方退车占据要道，应走之着。如改走车8退4，则炮八退二（如炮八进三，则车8平5，马五退七，车5进3，相三进五，卒3进1，黑方易走），炮2平4（如车8平5，则马七进五，炮2进4，后马进三，红方优势），车三平八，卒3进1，兵七进一，象5进3，兵五平六，象3退5，兵六平七，车8进5，车八平三，车8退6，马七进六，炮4进2，兵七平六，车8平5，车三平八，红方优势。

20. 兵五平六　马1退2

黑方如改走车8平3，则马五退六，红方伏有炮五进二打死车的手段。

21. 炮五平八（图11）　…………

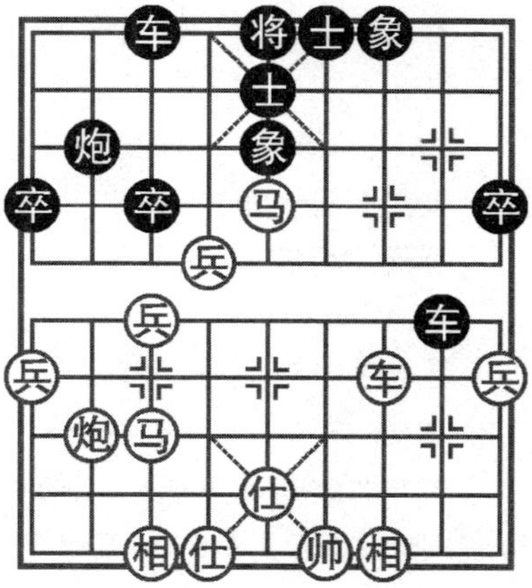

图11

红方如改走车三平八，则炮2平1，车八退一，车8平5，车八进五，车5退2，车八平九，车3平4，马七进八，车4进4，双方大体均势。

如图11形势，黑方有三种走法：（一）车8平3；（二）炮2平1；（三）车8平5。分述如下：

第一种走法：车8平3

21. …………　车8平3

黑车吃兵捉马，谋取实惠的走法。

22. 马七进六　…………

红方进马，正着。如改走马五退六关车，则黑可炮2平3再车3进1邀兑。

22. …………　后车平4

黑方如改走前车进4贪吃一相，则炮八平五，炮2平4（如炮2进7，则帅四进一，也是红方占优），车三平四，炮4进3，马五退六，将5平4，马六进四，红方优势。

23. 炮八平六　…………

红平肋炮，着法细腻。如改走相三进五，则车3平2，炮八平六，炮2平4，红无便宜可占。

23. …………　炮2平4　　24. 车三平八　…………

红方平车先弃后取，巧着！是保持变化的有力手段。

24. …………　炮4进3　　25. 相七进五　炮4进1

26. 车八平六

红方稍优。

第二种走法：炮 2 平 1

21. ………… 炮 2 平 1

黑方平边炮，准备亮出右车。

22. 车三平八 车 3 平 4 23. 马七进五 车 8 进 1

黑方进车牵制红方车马，延缓红方攻势，必然之着。

24. 帅四平五 车 8 平 7 25. 相三进一 车 4 进 4

26. 炮八平五 车 4 退 4

黑方消灭红方过河兵，双方趋于均势。

27. 前马进七 车 4 平 3 28. 马七进九 车 3 平 4

黑方不能走车 3 进 1，否则红方车八进六，士 5 退 4，马五进四抽车。

29. 马九退七 车 4 平 3 30. 马七退五 车 3 平 4

双方不变作和。

第三种走法：车 8 平 5

21. ………… 车 8 平 5

黑方平中车捉马，正着。

22. 车三平五 …………

红方如改走马五退六，则炮 2 平 4，兵六平五，车 5 退 1，马七进五，车 5 进 1，炮八进二，车 3 平 2，马五退七，车 5 平 6，帅四平五，车 6 退 2，相七进五，炮 4 退 2，炮八退一，士 5 进 4，兵九进一，士 6 进 5，炮八平九，车 2 进 3，车三进一，炮 4 平 1，黑方优势。

22. ………… 车 5 进 1 23. 马七进五 炮 2 平 1

24. 炮八平七 车 3 平 2 25. 炮七进四 车 2 进 6

26. 后马进三

双方各有顾忌。

第 12 局 红退马踩卒对黑进马捉车（三）

1. 炮二平五 马 8 进 7 2. 马二进三 车 9 平 8

3. 车一平二 马 2 进 3 4. 兵七进一 卒 7 进 1

5. 车二进六 炮 8 平 9 6. 车二平三 炮 9 退 1

7. 兵五进一 士 4 进 5 8. 兵五进一 炮 9 平 7

9. 车三平四 卒 7 进 1 10. 马三进五 卒 7 进 1

11. 马五进六 车 8 进 8 12. 马八进七 象 3 进 5

13. 马六进七　车1平3　　14. 前马退五　马7进8
15. 车四平三　马8进6　　16. 车三进二　马6进4
17. 仕四进五　马4进3　　18. 帅五平四　马3进1
19. 车三退五　车8退3　　20. 炮八进二　…………

红方进炮打车，构思巧妙，是改进后的走法。

20. …………　车8平3　　21. 兵五平六　…………

红方平兵献马，佳着。

21. …………　后车平4

黑方另有两种走法：①前车进2，炮八平二，前车退2（如前车进2，则车三进六，前车退3，马五退三，前车平5，炮五进五，车5退4，炮二进五，黑亦丢车），炮五进五，士5进6，炮二平五，象7进5，马五退六，士6进5，炮五平七，车3平4，马六退五，车4进4，车三平八，红方大占优势；②马1退3，马五退六，炮2平3，炮五进三，后车平2，车三平四，炮3退2，相三进五，车3平2，马七进八，车2进5，马六进八，车2进1，车四平八，马3退2，马八进九，将5平4，兵六进一，士5进6，兵六进一，红胜。

22. 车三平四（图12）　…………

红方平车占肋，着法紧凑。如改走马五退六，则车4进4，炮八退四，炮2平4，车三平四，将5平4，车四平八，将4平5，炮五平六，炮4进3，炮六进三，车3进2，车八进六，士5退4，炮六平五，象5进7，车八退五，车3平2，车八平六，车2进2，炮五退三，将5进1，车六平七，车2退3，双方大体均势。

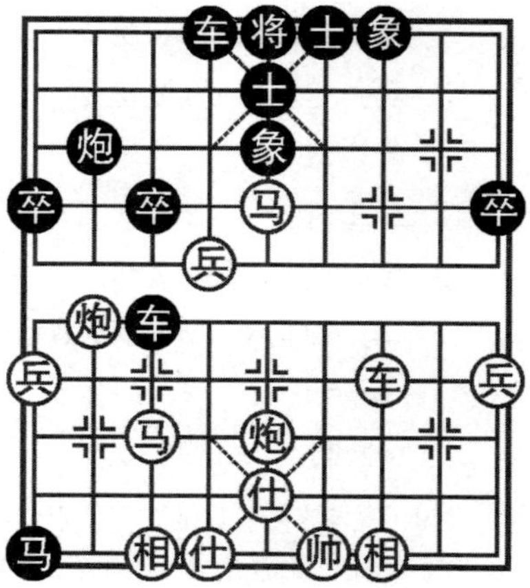

图12

如图12形势，黑方有两种走法：（一）车3进2；（二）车4进4。分述如下：

第一种走法：车3进2

22. …………　车3进2

黑方进车吃马，实战效果欠佳。

23. 马五退六　…………

红方如改走马五进七，则车3平5，相三进五，车4进4，红方无益。

23. …………　车3平5　　24. 马六退五　车4进4

25. 炮八平九　马 1 退 2　　26. 车四平八　车 4 平 6

27. 炮九平四　炮 2 平 3　　28. 车八退一

红方多子占优。

第二种走法:车 4 进 4

22. …………　车 4 进 4　　23. 马五进七　车 4 平 5

24. 后马进五　车 5 进 2

黑方弃车解围,逼走之着。

25. 车四平五　车 3 平 6

黑方如改走车 3 平 2,则车五平四,车 2 平 5,车四平八,车 5 平 6,炮五平四,黑方必失一子。

26. 仕五进四　车 6 进 2

黑方如改走车 6 平 2,则车五平六,车 2 平 5,车六平八,红亦得子占优。

27. 帅四平五　马 1 退 3　　28. 帅五进一

红方多子占优。

第 13 局　红退马踩卒对黑平肋车(一)

1. 炮二平五　马 8 进 7　　2. 马二进三　车 9 平 8

3. 车一平二　马 2 进 3　　4. 兵七进一　卒 7 进 1

5. 车二进六　炮 8 平 9　　6. 车二平三　炮 9 退 1

7. 兵五进一　士 4 进 5　　8. 兵五进一　炮 9 平 7

9. 车三平四　卒 7 进 1　　10. 马三进五　卒 7 进 1

11. 马五进六　车 8 进 8　　12. 马八进七　象 3 进 5

13. 马六进七　车 1 平 3　　14. 前马退五　车 3 平 4

黑方平肋车,新的尝试。

15. 仕四进五　…………

红方补仕,防止黑方马 7 进 8 的反击手段,如改走炮八平九,则马 7 进 8,车四平三,马 8 进 6,车三进二,马 6 进 4,仕四进五,马 4 进 3,帅五平四,马 3 进 1,车三退五,炮 2 进 6,黑方主动。

15. …………　车 8 进 1(图 13)

黑方沉车捉相,正着。另有两种走法:①车 4 进 6,炮八平九,卒 7 平 6,车九平八,炮 2 进 4,兵九进一,炮 7 进 8,炮九进一,车 8 进 1,炮九平六,炮 7 平 4,仕五退四,炮 4 平 2,马七退八,炮 7 进 8,车四平二,卒 6 进 1,马五进三,车 8 退 1,

马三退二，炮2平9，马二退一，车8退5，马一进三，车8进2，马三退四，红方多子占优；②炮2进4，炮八平九，炮2平9，炮五平一，车4进6，相七进五，卒7进1，车九平八，马7进8，车四进二，马8进7，炮一退二，卒7进1，兵五平六，卒7平6，车八进九，士5退4，车八平六，将5平4，车四进一，将4进1，马五进七，将4进1，车四平六，炮7平4，炮九平八，红胜。

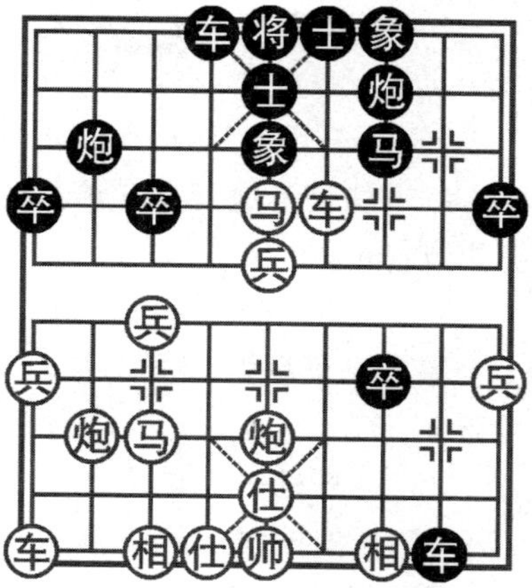

图13

如图13形势，红方有两种走法：(一)炮八平九；(二)炮五平六。分述如下：

第一种走法：炮八平九

16. 炮八平九　…………

红方平边炮，准备迅速抢出左横车展开对攻。

16. …………　马7进8

黑方如改走马7进5，则炮五进四，炮7进8，相七进五，炮7退2，车四退六，车8平6，帅五平四，炮7平3，车九平八，红方优势。

17. 车四平三　马8进6

黑方跃马弃炮，佳着！

18. 车三进二　…………

红方当然不能车三退三去卒，因黑方有炮7进8的手段，颇具攻势。

18. …………　车8平7　19. 仕五退四　炮2退1

黑方退炮攻车逼红车定位，重要的“顿挫”战术。

20. 车三退三　…………

红方“虎口献车”，诱黑方象5进7去车再兵五平四抢攻，对攻之着。

红方另有两种走法：①车三退一，马6进7，仕六进五，车4进8，炮五平四，马7进6，炮四退一，车7平9，马七进五，车4退2，黑方胜势；②马五进七，车4进8，车九平八，马6进8，炮五平二，炮2平7，黑方优势。

20. …………　马6进4

黑方不吃车而跃马叫杀，构思十分巧妙！如改走象5进7吃车，则兵五平四，马6进5，炮九平五，车4进8，车九平八，炮2进7，马五进七，象7退5，后马进五，车4平3，马五进六，卒7平6，炮五退一，车3平4，马六退七，车4退6，车八进一，卒6平5，前马进九，红方优势。

21. 车九进一　象5进7　　22. 马五退三　象7进5

黑方飞象解杀，争先之着。

23. 马三退五　…………

红方如改走炮五进五，则士5进6，马三进四，炮2平6，仕六进五，卒7平6，黑方易走。

23. …………　卒7进1　　24. 兵五进一　车7退1

黑方退车邀兑，巧妙！欺红棋不能仕六进五，因黑有马4进3再炮2进8的杀着。

25. 炮五退一　车4进4　　26. 车九平八　炮2进5

27. 马五进四　炮2平9

黑方胜势。

第二种走法：炮五平六

16. 炮五平六　…………

红方炮五平六，改进后的走法。

16. …………　炮2进4

黑方如改走马7进8，则车四平三，车8平7，仕五退四，炮7平6，相七进五，车7平9，仕六进五，车4进6，兵五平六，红方易走。

17. 相七进五　炮2平5　　18. 炮六进六　…………

红方如改走帅五平四，则马7进8，车四平三，炮7平6，黑方有攻势。

18. …………　马7进8　　19. 炮六平三　马8退6

20. 马七进五　马6退7

双方大体均势。

第14局　红退马踩卒对黑平肋车（二）

1. 炮二平五　马8进7　　2. 马二进三　车9平8

3. 车一平二　马2进3　　4. 兵七进一　卒7进1

5. 车二进六　炮8平9　　6. 车二平三　炮9退1

7. 兵五进一　士4进5　　8. 兵五进一　炮9平7

9. 车三平四　卒7进1　　10. 马三进五　卒7进1

11. 马五进六　车8进8　　12. 马八进七　象3进5

13. 马六进七　车1平3　　14. 前马退五　车3平4（图14）

如图14形势，红方有三种走法：（一）车四进二；（二）炮五平六；（三）马五进七。分述如下：

第一种走法:车四进二

15.车四进二　…………

红方进车捉炮，准备一车换双，实战效果并不理想。

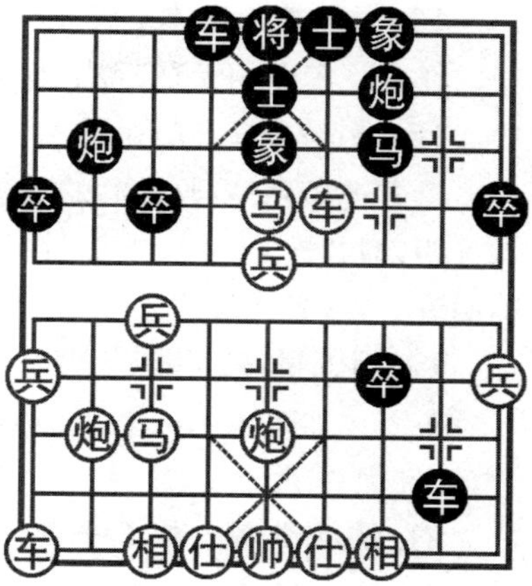

图 14

15.…………　炮2退1

16.车四平三　炮2平7

17.马五进三　车8退6

18.炮八进五　…………

红方如改走车九平八（如马三退四，则炮7进8，仕四进五，车8进7，黑可抢攻在先），则车8平7，炮八进七，车4进1，黑方下伏车4平2兑车手段，亦占主动。

18.…………　车4进2　19.车九平八　车8平7

黑方得回一子，形势立趋有利。

20.马七进六　…………

红方进马，速败之着，不如改走炮五平一，调整阵形，局势虽处下风，但尚可支撑。

20.…………　卒7平6　21.相三进一　…………

红方如改走炮五平六，则炮7进7，仕四进五，炮7平9，炮六进五，车7进7，仕五退四，卒6进1，黑方胜势。

21.…………　炮7平8

黑方大占优势。

第二种走法:炮五平六

15.炮五平六　…………

红方平炮防止黑方马7进8反击，又是一种走法。

15.…………　马7进5

黑方可改走车4进6（如车8平3，则兵五平六，车4进4，马五退六，红方多子占优），红如接走相七进五，则车8平3，车九平七，车3进1，相五退七，车4平3，仕四进五，车3进1，炮八进四，车3进2，车四进二，炮2退1，炮六进六，马7进5，相三进五，车3退3，兵五进一，炮7进3，车四退三，卒7进1，黑方多象占优。

16. 相七进五　车8平3　17. 车九平七　…………

红方兑车弃相无奈，否则要丢子。

17. …………　车3进1　18. 相五退七　车4进6

黑方进车弃马，改进后的走法。如改走炮7进8，则仕四进五，马5退3，炮六进四，炮2进4，马七进五，卒7平6，马五进四，炮2平9，帅五平四，炮9进3，帅四进一，红方优势。

19. 兵五进一　炮7进8　20. 仕四进五　炮2进1

正着。如改走车4平3，则兵五进一，象7进5，炮六平五，车3进1，车四平七，红方优势。

21. 炮八平九　车4平3　22. 马七退九　炮7退1

23. 车四退五　炮2平5　24. 炮六平五　卒7进1

黑方进卒保炮，佳着。

25. 车四进五　炮5进2　26. 炮九进四　车3平8

27. 车四平二　炮5平8　28. 炮五平八　炮7平1

黑方胜势。

第三种走法：马五进七

15. 马五进七　…………

红方进马捉车，是近年出现的改进走法。

15. …………　车4进2　16. 车四平七　马7进8

黑方进马急于反击，失算。应改走卒7平6，红如接走炮五平三，则马7进8，炮三平六，炮7进1，仕六进五，车4平3，车七进一，炮7平3，兑子后，局势较为平稳。

17. 兵五平六　…………

红方抓住黑方右翼空虚的弱点，及时平兵，着法紧凑有力。

17. …………　炮7进8

黑方炮击底相，势在必行。

18. 仕四进五　车8进1

黑方进车，败着。似应改走马8进6，红如接走车七平九，则马6退5。对攻中，双方各有顾忌。

19. 车七平九　…………

红方弃车攻杀，构思十分巧妙！实战中弈来煞是精彩好看！

19. …………　炮7平4　20. 仕五退四　炮4平1

21. 相七进九

红方胜势。

第15局　红退马踩卒对黑外肋平卒

1. 炮二平五　马8进7　　2. 马二进三　车9平8

3. 车一平二　马2进3　　4. 兵七进一　卒7进1

5. 车二进六　炮8平9　　6. 车二平三　炮9退1

7. 兵五进一　士4进5　　8. 兵五进一　炮9平7

9. 车三平四　卒7进1　　10. 马三进五　卒7进1

11. 马五进六　车8进8　　12. 马八进七　象3进5

13. 马六进七　车1平3　　14. 前马退五　卒7平8

黑方外肋平卒轰相，准备展开对攻。

15. 仕四进五　…………

红方先补仕，意在保持复杂变化。如改走炮五平三，则马7进8，车四平三（如炮三进七，则象5退7，车四进二，车8平7，相七进五，炮2平5，仕六进五，炮5进2，相三进一，炮7进6，黑方优势），马8进6，车三进二，马6进4，仕四进五，马4进3，帅五平四，马3进1，黑方反先。

15. …………　炮7进8　　16. 炮八退一　车8进1

17. 车九进二（图15）　…………

红方升车护马，势在必行。

如图15形势，黑方有两种走法：（一）马7进8；（二）炮2平4。分述如下：

第一种走法：马7进8

17. …………　马7进8

黑方如改走炮2进4，则车四退三，炮7退3，仕五退四，炮7平9，车四平八，炮9平2，马五进三，车3平4，车九平八，炮2平7，马三退四，车4进8，马四退三，卒8平7，兵五进一，红方胜势。

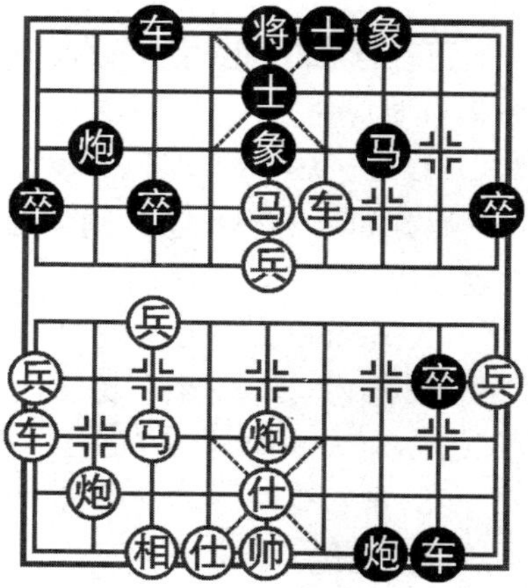

图15

18. 车四退五　…………

红方退车下二路，下伏车四平二兑车，攻守兼备之着。如改走车四进二，则炮2退1，车四退三，马8进7，车四退二，卒

3进1,兵七进一,炮2平3,兵五平六,车3平2,车九平八,车2进7,炮五平八,炮3进6,前炮进七,马7进8,后炮平二,炮7退3,仕五退四,车8退1,黑方优势。

18.………… 炮2进4

黑方如走马8进7,则车四进二,炮2平4,兵五平六,车3平2,车九平八,车2进7,炮五平八,象5进3(如炮7退2,则仕五退四,炮7平2,车四平八,炮2平1,马五进七,马7退5,后马进五,车8退2,车八进六,炮4退2,炮八进三,马5退6,马五进四,红方大占优势)。前炮进一,炮7退2,车四退三,炮7进2,车四进三,炮7退1,车四退三,炮7进1,车四进三,马7退8,前炮平五,红方多子胜势。

19. 车四平二　车8平9　　20. 车二平一　车9平8

21. 车一平二　车8平9　　22. 车二平一　车9平8

双方不变作和。

第二种走法:炮2平4

17.………… 炮2平4

黑方平肋炮,攻守兼备之着。

18. 车九平八　马7进8　　19. 车四退一　马8进7

20. 车四退二　炮4进6

黑方进炮下伏马7进8的手段,紧凑合有力之着。

21. 炮五平三　…………

正着,红如改走兵五平六,则马7进8,仕五进六,炮7退3,帅五进一,炮7平9,红难应付。

21.………… 马7退8

黑方如改走卒8进1,则马七进五,卒8平7,后马退六,黑方一时尚无有效对攻手段。

22. 马七进五　炮4退3　　23. 相七进五　卒8平7

24. 车四进二　炮7退1　　25. 车四退五　车8平6

26. 帅五平四　卒7进1　　27. 后马退五　炮7平2

28. 车八退一　车3平4

黑方稍优。

第16局　黑平卒胁相对红补右仕

1. 炮二平五　马8进7　　2. 马二进三　车9平8

3. 车一平二　马2进3　　4. 兵七进一　卒7进1
5. 车二进六　炮8平9　　6. 车二平三　炮9退1
7. 兵五进一　士4进5　　8. 兵五进一　炮9平7
9. 车三平四　卒7进1　　10. 马三进五　卒7进1
11. 马五进六　车8进8　　12. 马八进七　象3进5
13. 马六进七　卒7平8

黑方外肋平卒胁相，新的尝试。

14. 仕四进五(图16)　…………

红方补仕舍相，寻求变化的积极走法。另有两种走法：①兵五进一，炮7进8，仕四进五，车8进1，车九进一，车1平3，兵五进一，炮2平5，前马退五，马7进5，车四平五，车3平4，车九平八，炮7平4，仕五退四，炮4平6，车八平四，炮6平3，帅五进一，车4进6，黑方胜势；②炮五平三，马7进8，车四平三，马8进6，车三进二，马6进4，仕四进五，马4进3，帅五平四，马3进1，兵五进一，马1退2，车三平四，以后红方有前马进五再兵五进一吃象的手段，黑方难应。

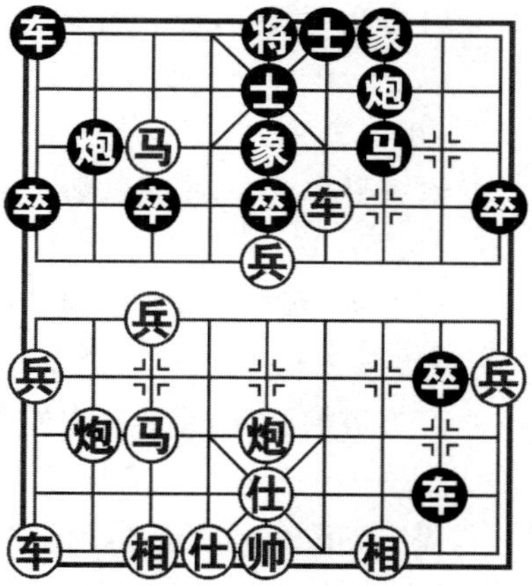

图16

如图16形势，黑方有两种走法：(一)炮7进8；(二)车8进1。分述如下：

第一种走法：炮7进8

14. …………　炮7进8　　15. 炮八退一　车8进1
16. 车九进二　车1平3　　17. 车九平八　…………

红不逃马而平车兑炮，是大局感极强的走法。如改走马七退五，则卒3进1，黑有对攻之势。

17. …………　炮2进6　　18. 车八退一　车3进2
19. 兵五进一　炮7退6　　20. 车四退六　炮7进6

黑方如改走车8平6，则帅五平四，马7进5，马七进五，红方得子占优。

21. 车四进八　炮7退4　　22. 仕五退四　炮7进4

黑方如改走炮7平5，则帅五平四，马7进5，马七进五，红方得子占优。

23. 仕四进五　炮7退5　　24. 仕五退四　象5退3

25. 车八平三

红方优势。

第二种走法：车 8 进 1

14. ………… 车 8 进 1

黑方沉车捉相，新的尝试。

15. 兵九进一 卒 5 进 1 16. 车九进三 …………

红方左车抢占兵线，攻守两利之着。

16. ………… 车 1 平 3 17. 前马进五 …………

红方舍马踩士，着法凶悍！

17. ………… 士 6 进 5 18. 车四进二 车 3 进 2

19. 车九平八 …………

红方平车兑炮，扩先取势的有力之着。

19. ………… 车 8 平 7

黑方贪相败着，应改走炮 2 进 5 较为顽强。

20. 仕五退四 车 7 退 3 21. 炮五进一 …………

红方进炮避兑，紧凑有力的走法。

21. ………… 炮 2 进 5 22. 车四平三 马 7 进 6

黑方如改走卒 5 进 1，则车八进六，象 5 退 3，炮五退二，红方大占优势。

23. 车三退五 卒 8 平 7 24. 车八退一

红方多子占优。

第 17 局 黑飞右象对红退窝心马

1. 炮二平五 马 8 进 7 2. 马二进三 车 9 平 8
3. 车一平二 马 2 进 3 4. 兵七进一 卒 7 进 1
5. 车二进六 炮 8 平 9 6. 车二平三 炮 9 退 1
7. 兵五进一 士 4 进 5 8. 兵五进一 炮 9 平 7
9. 车三平四 卒 7 进 1 10. 马三进五 卒 7 进 1
11. 马五进六 车 8 进 8 12. 马八进七 象 3 进 5
13. 马七退五(图 17) …………

红方退窝心马保护三路底相，是早期出现的一种应法。

如图 17 形势，黑方有三种走法：(一)炮 2 退 1；(二)马 7 进 8；(三)车 1 平 3。分述如下：

第一种走法:炮 2 退 1

13. ………… 炮 2 退 1

黑方退炮,机警的走法。

14. 马六进七 …………

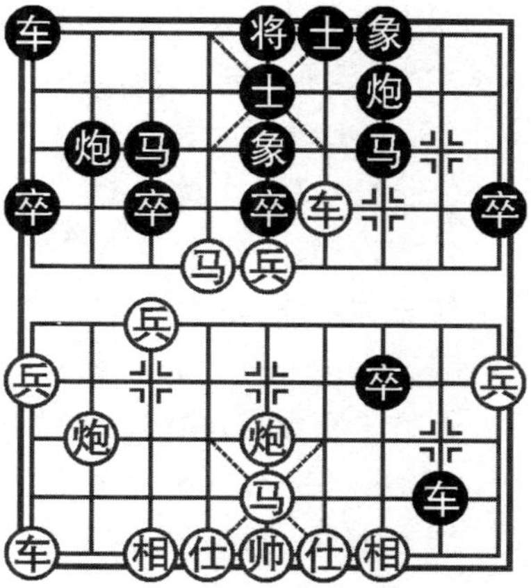

图 17

红方如改走炮八退一,则车 8 退 3,车九进二,马 7 进 8,车四平二,卒 5 进 1,马六进五,象 7 进 5,炮五进五,士 5 进 6,炮八进四,车 1 平 4,车二退一,车 8 平 6,黑方虽少双象,但双车占肋对红方威胁极大,形势显然有利。

14. ………… 车 1 进 2

15. 炮八退一 …………

红方如改走马七退五,则车 1 平 4,后马进七,马 7 进 5,炮五进四,炮 7 进 8,仕四进五,车 8 进 1,黑方优势。

15. ………… 车 8 退 4 16. 车九进二 …………

红方如改走马七进五,则士 6 进 5,车九进二,车 1 平 4,对攻中黑势略显有利。

16. ………… 车 1 平 3 17. 车九平八 炮 2 进 7

18. 兵五进一 炮 2 平 4 19. 兵五进一 象 7 进 5

20. 车四平六 车 3 退 2 21. 车六退五 卒 7 进 1

22. 马五进三 炮 7 进 6

黑方多子占优。

第二种走法:马 7 进 8

13. ………… 马 7 进 8 14. 车四平三 卒 5 进 1

黑方冲卒去兵,先弃后取之着。

15. 车三进二 …………

红方如改走马六进七,则炮 7 进 1,马七退五,炮 7 平 6,炮八退一,车 8 退 2,车九进二,车 1 平 4,车三退二,炮 2 进 3,车三进四,马 8 进 6,炮五进一,卒 7 进 1,马五进三,马 6 进 7,炮五平三,马 7 退 5,黑方夺回一子占优。

15. ………… 马 8 退 6

黑方退马踩双,是中卒去兵的后续手段。

16. 车三退五 马 6 进 4 17. 车三平六 卒 3 进 1

黑方也可改走车1平4，红如接走炮八平六，则卒5进1，炮六进三，卒5进1，车六平五，车4进4，车九平八，炮2进2，双方均势。

18. 兵七进一　象5进3　　19. 炮八平六　炮2进2

20. 车九平八　车8退5

双方均势。

第三种走法：车1平3

13. …………　车1平3

黑方平车保马，稳健的走法。

14. 炮八平七　卒7平6

黑方献卒，是改进后的走法。以往多走炮2退1，则车九平八，马7进8，车四平三，马8进6，车三退三，车8退2（如马6进5，则相七进五，卒5进1，车三进三，红方稍优），车八进三，车8平7，车八平三，马6进5，相三进五，卒5进1，车三进三，红方稍优。

15. 车九平八　炮2退1　　16. 兵五进一　车8平6

17. 相三进一　炮7平8　　18. 炮五平二　车6退1

19. 兵五进一　车6平8　　20. 兵五进一　马3退5

21. 车四退三　车8平4　　22. 车四平六　车4退1

23. 马五进六　车3平4　　24. 后马进四　…………

红方如改走炮七平五，则象7进5，后马进四，马7进6，车八进七，车4进3，车八平九，炮2平4，车九进二，炮4退1，仕四进五，马6进4，炮五进一，炮8平6，相一退三，炮6进3，马六进八，炮6退3，车九退三，马4进6，仕五进四，炮4平3，黑方多子占优。

24. …………　马7进6

黑方多子占优。

第18局　黑飞右象对红跃马弃炮

1. 炮二平五　马8进7　　2. 马二进三　车9平8

3. 车一平二　马2进3　　4. 兵七进一　卒7进1

5. 车二进六　炮8平9　　6. 车二平三　炮9退1

7. 兵五进一　士4进5　　8. 兵五进一　炮9平7

9. 车三平四　卒7进1　　10. 马三进五　卒7进1

11. 马五进六　车8进8　　12. 马八进七　象3进5

13. 马七进八　…………

红方马七进八形成飞马献炮变例，是20世纪80年代出现的走法。

13. …………　马7进8

黑方进马捉车，常见的走法。也可改走炮2进5，红如接走车四进二，则马7进8（如炮7平8，则车九平八，炮2平4，马六进七，炮4退6，车四退四，红方优势），车四平三，马8进6，与主变殊途同归。

14. 车四平三　马8进6　15. 车三进二…………

红方如改走车三退三吃卒，则炮2进5，马六进七，炮7进8，车三退三，马6进4，仕四进五，马4进3，帅五平四，马3进1，炮五进四，炮2进1，马八退九，车8平6，帅四平五，车1平3，马七进九，车3平4，黑方易走。

15. …………　炮2进5（图18）

黑方吃炮，势在必行。另有两种走法：①马6进4，仕四进五，马4进3，帅五平四，前马进1，炮八进五，车1平3，车三平四，红方攻势强大；②马6退4，兵五平六，炮2进5，车九平八，炮2平4，马八进七，卒7平6，车三平四，卒6平5，炮五平三，红方优势。

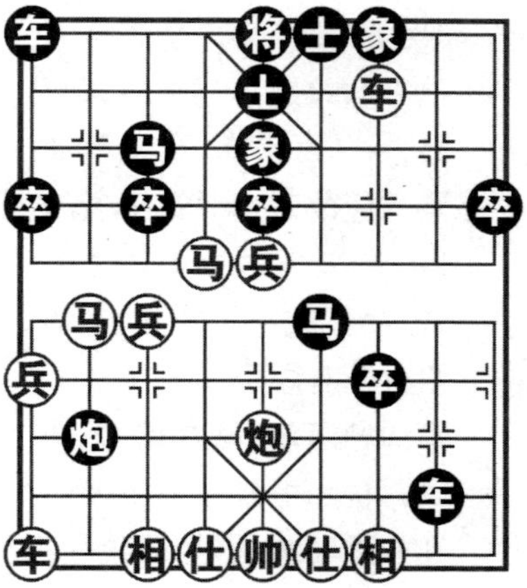

图18

如图18形势，红方有两种走法：（一）车三退五；（二）车九平八；（三）兵七进一；（四）马六进七。分述如下：

第一种走法：车三退五

16. 车三退五　…………

红方退车吃卒，着法稳健。

16. …………　马6退4

黑方如改走车1平2，则马八进七，炮2进2，马六进七，车2进7，车三平四，马6进8，车九平八，车2进2，兵五进一，车2退7，兵五进一，马8进7，车四退二，车2平3，兵五平六，士5进4，马七进五，士4退5，马五退六，车3平5，马六进五，象7进5，炮五退一，红胜。

17. 兵五平六　车1平2　18. 马八进七　车8平4

19. 车九平八　车4退4

双方均势。

第二种走法：车九平八

16. 车九平八　车1平2　17. 马八进七　炮2平3

黑方如改走马 6 退 4，则兵五平六，卒 7 平 6，仕六进五，卒 6 平 5(黑方应改走车 8 退 4，可以抗衡)，炮五平六，前卒平 4，炮六退二，车 8 退 3，车三平四，象 5 退 3，兵七进一，红方易走。

18. 车八进九　马 3 退 2　　19. 马七退八　车 8 平 3
20. 马八退七　车 3 退 1　　21. 车三退五　卒 5 进 1
22. 马六进八　马 6 进 5　　23. 相三进五　马 2 进 1
24. 车三进三　车 3 退 1　　25. 车三平一　车 3 平 1

双方均势。

第三种走法：兵七进一

16. 兵七进一　卒 3 进 1　　17. 马六进七　卒 3 进 1
18. 车三退五　卒 3 平 2　　19. 车九平八　…………

红方如改走车三平四，则马 6 进 8，黑方主动。

19. …………　车 1 平 3

黑方应改走炮 2 退 1，黑方易走。

20. 车三平四　车 3 进 2　　21. 车四进一　卒 2 进 1
22. 兵五进一

双方各有顾忌。

第四种走法：马六进七

16. 马六进七　…………

红方进马吃马，另辟蹊径。

16. …………　马 6 进 4　　17. 仕四进五　马 4 进 3
18. 帅五平四　马 3 进 1　　19. 炮五进四　炮 2 进 1
20. 车三平四　车 8 平 6　　21. 车四退七　炮 2 平 6
22. 帅四进一　车 1 进 2　　23. 马七退九　车 1 平 4
24. 马九进八　车 4 进 1

黑方易走。

第 19 局　黑飞右象对红补仕拦车(一)

1. 炮二平五　马 8 进 7　　2. 马二进三　车 9 平 8
3. 车一平二　马 2 进 3　　4. 兵七进一　卒 7 进 1
5. 车二进六　炮 8 平 9　　6. 车二平三　炮 9 退 1
7. 兵五进一　士 4 进 5　　8. 兵五进一　炮 9 平 7

9. 车三平四　卒7进1　　10. 马三进五　卒7进1

11. 马五进六　车8进8　　12. 马八进七　象3进5

13. 仕四进五　…………

红方补仕拦车，也是正常应法之一。

13. …………　车8进1

黑方进车瞄相，蓄势待发。

14. 炮八平九(图19)　…………

如图19形势，黑方有两种走法：(一)马7进8；(二)炮2进4。分述如下：

第一种走法：马7进8

14. …………　马7进8

黑方进外肋马捉车，应走之着。如改走卒7平6，则车九平八，炮2退1，车八进七，红方优势。

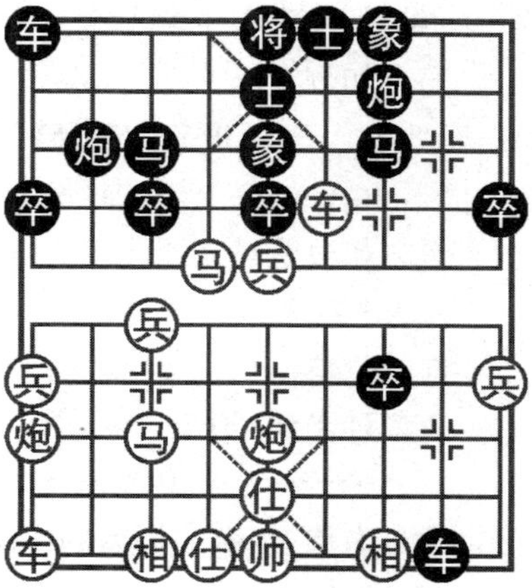

图19

15. 车四平三　炮2退1　　16. 兵五平四　…………

红方平兵，正着。如改走车九平八，则车8平7，仕五退四，马8进6，车三平四，马6进4，黑有攻势。

16. …………　马3退4

黑马退马，嫌缓。应改走车1平4抢出肋车，红如接走马六进五(如马六进七，则车4进2，马七退九，车8平7，仕五退四，马8进6，黑可弃子争先)，则车4进8，车九进一，车4平1，马五进三，炮2平7，马七退九，炮7平9，形成双方各有顾忌的局面。如黑方另改走卒7平6，则炮五平三，炮7进6，车三退四，车1进2，车九平八，马3退4，相七进五，车1平4，炮九进四，车4进2，炮九进三，马4进3，车八进八，车4平1，车八进一，士5退4，车八退二，车1退4，车八平七，车1进4，车七退一，车1平6，车七平五，卒6平7，和势。

17. 车九平八　车1进2

黑方应改走卒7平6，红如接走炮五平三，则卒6平7，炮三平六，卒5进1，黑方可以抗衡。

18. 炮五平六　…………

红方卸中炮，含蓄有力之着。

18. …………　卒5进1　　19. 炮六进七　马8进6

黑方进马，无奈之着。如改走车1平4(如将5平4，则车三进二，炮2平7，车八进九，将 4 进 1，马七进八，黑方难应），则炮六平八，车 8 平 7，仕五退四，车 4 进 2，炮九进四，车 4 平 1，车三平七，红亦大占优势。

20. 炮六退三　车 1 平 4

黑方如改走马 6 退 4，则兵四平五，马 4 进 3，车八进三，马 3 退 5，炮六平五，车 8 退 4，车三进二，红方胜势。

21. 相七进五　车 8 退 5　　22. 马七进六　炮 7 平 6

黑方如改走马 6 退 4，则炮九平六打死马，红亦大占优势。

23. 炮九平六

红方优势。

第二种走法：炮 2 进 4

14. …………　炮 2 进 4

黑方右炮过河，改进后的走法。

15. 车九平八　炮 2 平 9　　16. 炮五平一　马 7 进 8

17. 车四平三　炮 7 进 1　　18. 兵五进一　马 3 进 5

19. 马六进八　…………

红方跃马袭槽，力争主动的积极走法。如改走相七进五（如车三平五，则炮 7 进 7，黑有攻势），则车 1 平 4，黑不难走。

19. …………　车 1 平 3

黑方应改走车 1 平 4 占肋，较为积极主动。

20. 炮九进四　马 5 进 6

黑方应改走马 8 进 6 为宜。

21. 炮九进三　车 3 进 2　　22. 马八进九　…………

红方抓住黑方的失误，一着进马捉车催杀，顿令黑方难以招架。

22. …………　车 3 退 1　　23. 车八进九　士 5 退 4

24. 马九退八

红方胜势。

第 20 局　黑飞右象对红补仕拦车（二）

1. 炮二平五　马 8 进 7　　2. 马二进三　车 9 平 8

3. 车一平二　马 2 进 3　　4. 兵七进一　卒 7 进 1

5. 车二进六　炮 8 平 9　　6. 车二平三　炮 9 退 1

7. 兵五进一　士 4 进 5　　8. 兵五进一　炮 9 平 7

9. 车三平四　卒7进1　　10. 马三进五　卒7进1

11. 马五进六　车8进8　　12. 马八进七　象3进5

13. 仕四进五　卒7平6(图20)

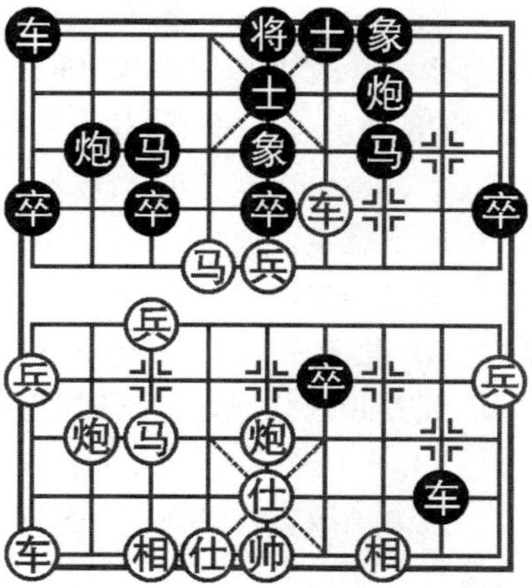
图20

黑方献卒捉相，是这一变例中常见的战术手段。

如图20形势，红方有两种走法：(一)车四退三；(二)炮五平三。分述如下：

第一种走法：车四退三

14. 车四退三　…………

红方退车吃卒，消灭隐患。如改走兵五进一，则马3进5，车四退三，炮7进8，马六进四，车8进1，车九进一，车1平4，车四平三，炮7平4，仕五退四，炮4平6，车九平三，马7进8，后车退一，车8平7，马四进三，炮6退8，车三退三，马5进6，炮五平三，象7进9，马三退一，象5进7，马一退三，炮6进2，炮三平四，炮6进4，炮八平四，车4进7，黑方大占优势。

14. …………　炮7进8

15. 马六进七　…………

红方如改走兵九进一，则卒5进1，马六进七，车1平3，前马退五，车3平4，车九进三，车8进1，马五进七，车4进2(如车4平3，则前马进八，炮7退2，仕五退四，炮7平3，车九平八，炮2进5，车八退一，车8退5，车四平七，卒3进1，车七退一，卒3进1，车七平六，红方优势)，前马进八，炮7退2，车四退三，车8平6，帅五平四，炮7平3，车九平七，炮3平4，仕五进六，车4进5，炮八进三，车4进2，帅四进一，车4退1，帅四退一，车4平2，兵七进一，卒5进1，炮五平九，车2退3，黑方优势。

15. …………　卒5进1　　16. 车四进五　…………

红方进车塞黑“象眼”，轻易放弃兵线要道，似得不偿失。如改走兵九进一，则车1平3，前马退五，卒3进1，兵七进一，车8进1，车九进三，炮7退2，车四退三，车8平6，帅五平四，炮7平3，车九平八，炮2进5，车八退一，马7进5，炮五进四，炮3退2，和势。

16. …………　炮7平9　　17. 帅五平四　车8进1

18. 帅四进一　马7进8　　19. 后马进五　车8退1

20. 帅四退一　马8进7　　21. 炮五平三　…………

红方平炮顶马，只好如此，如改走马五退三，则马7进5，相七进五，车1平3，马七退五，车3平4，黑方占势易走。

21. …………　车8进1　　22. 帅四进一　卒5进1

黑方如改走炮2退1，则车四退五，车8退1，帅四退一，卒5进1，车四平三，卒5进1，车三平五，双方兑掉一子后，黑方赚得过河卒，已稳占多子之优。

23. 马五进三　车1平3

黑不难走。

第二种走法：炮五平三

14. 炮五平三　…………

红方卸炮兑炮，力求稳健的走法。

14. …………　马7进8　　15. 车四平三　…………

红方如改走车四退三，则炮7进8，马六进七，炮7平9，帅五平四，卒5进1，黑方弃子占有攻势。

15. …………　炮7进6

黑方兑炮，正着。如改走马8进6，则车三进二，马6进4，车九进一，卒5进1，车九平六，马4进6，炮八平四，卒6进1，炮三进七，象5退7，马六进七，车8退6，前马进五，士6进5，车三进一，士5退6，仕五进四，红方胜势。

16. 炮八平三　马8进6　　17. 车三退二　马6退4

黑方退马兑子，正着。如改走马6进4，则车九平八，红占主动。

18. 兵五平六　炮2进4　　19. 兵六进一　车1平4

20. 兵六平七　炮2平9　　21. 车三平一　…………

红方平车捉炮，不如改走炮三平一拦炮。

21. …………　炮9平8　　22. 相七进五　卒6平7

23. 炮三平四　卒7进1　　24. 前兵进一　车8平6

黑方不急于平卒吃炮，而是平车抢占帅门，争先夺势的有力之着。

25. 车一平二　车4进6　　26. 车九平八　…………

红方如改走炮四进二，则炮8进1，相五退七，炮8平3，黑亦大占优势。

26. …………　卒7平6

黑方优势。

第21局　黑飞右象对红补仕拦车（三）

1. 炮二平五　马8进7　　2. 马二进三　车9平8

3. 车一平二　马2进3　　4. 兵七进一　卒7进1
5. 车二进六　炮8平9　　6. 车二平三　炮9退1
7. 兵五进一　士4进5　　8. 兵五进一　炮9平7
9. 车三平四　卒7进1　　10. 马三进五　卒7进1
11. 马五进六　车8进8　　12. 马八进七　象3进5
13. 仕四进五　卒7平8(图21)

黑方外肋平卒，容易自阻车路，所以在实战中比较少用。

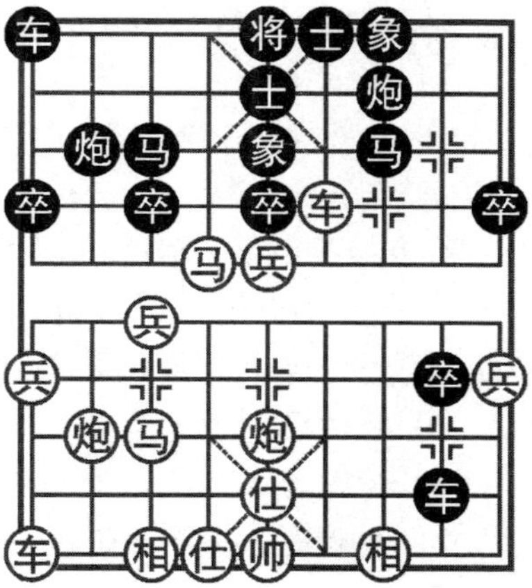

图21

如图21形势，红方有两种走法：(一)炮八平九；(二)炮五平三。分述如下：

第一种走法：炮八平九

14. 炮八平九　炮2进4

黑方如改走炮7进8，则车九平八，炮7平9，车八进七，车8进1，仕五退四，卒8平7，车四退四，对攻中红占主动。

15. 车四退三　…………

红方退车捉炮，不给黑方右炮左移助攻。如改走车九平八，则炮2平9，炮五平一，炮7进8，黑方左翼占有攻势，红方较有顾忌。

15. …………　炮7进8

黑方弃炮轰相，力求一搏的走法；如逃炮，也是红占主动。

16. 车四平八　车8进1

黑方如改走炮7平9，则马六进七，黑卒自挡车路，对攻中也是红占优势。

17. 车九进一　车1平3

18. 马六进七　车3进2

黑方如改走炮7平4，则仕五退四，炮4平6，车九平四，炮6平3，帅五进一，车3进2，兵五进一，也是红方优势。

19. 兵五进一　车3退2

黑方退车，防护底线。如改走马7进5，则炮九进四，也是红方抢攻在前。

20. 兵五进一　象7进5　　21. 车九平八　炮7平4
22. 仕五退四　炮4平6　　23. 前车进六　…………

红方沉车邀兑，简明有力的走法。

23. ………… 炮6平3　24. 帅五进一 炮3退4
25. 马七进五 车8退1　26. 帅五退一 车8平2
27. 车八退八 卒3进1　28. 炮五进五 …………

红炮轰象，黑难招架。

28. ………… 士5进4　29. 炮九平五

红方多子占优。

第二种走法：炮五平三

14. 炮五平三 马7进8　15. 车四平三 炮7进6
16. 炮八平三 车8进1　17. 车九平八 马8进6
18. 车三平四 …………

红方如改走车三退二，则车8平7，仕五退四，马6进7，仕六进五，卒5进1，马六进七，炮2平1，黑方易走。

18. ………… 马6退4　19. 兵五平六 车8平7
20. 车四退六 车7退2　21. 马七进五 车7退1
22. 马五进四 车7平4　23. 车八进七 车1平3
24. 兵六进一 卒5进1　25. 兵六平七 马3进5

黑方满意。

第22局　黑飞右象对红高边车(一)

1. 炮二平五 马8进7　2. 马二进三 车9平8
3. 车一平二 马2进3　4. 兵七进一 卒7进1
5. 车二进六 炮8平9　6. 车二平三 炮9退1
7. 兵五进一 士4进5　8. 兵五进一 炮9平7
9. 车三平四 卒7进1　10. 马三进五 卒7进1
11. 马五进六 车8进8　12. 马八进七 象3进5
13. 车九进二 …………

红方此时高边车，是较少出现的走法。

13. ………… 卒7平6(图22)

黑方平卒攻相，力争主动的积极走法。

如图22形势，红方有两种走法：(一)车四退三；(二)马七退五。分述如下：

第一种走法：车四退三

14. 车四退三 …………

红方如改走马六进七，则炮7进8，仕四进五，炮7平9，帅五平四，卒5进1，车四退三，车1平3，前马退五，车3平4，马七进八，车4进5，炮八进五，车4平7，炮五平三，马7进5，马八进七，车8进1，帅四进一，车7平8，炮三平二，马5进7，车四平三，马7进5，车三退二，炮9退2，炮八退五，前车退2，炮八平一，后车平6，仕五进四，车8平9，黑方胜势。

14. …………　炮7进8

15. 仕四进五　车8进1

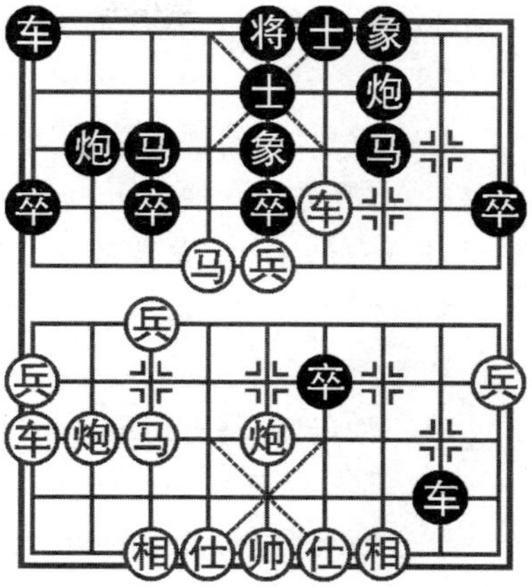

图22

黑方沉车底线，着法凶悍。以往黑方曾走卒5进1，红如接走马七进八，则炮2进5，车九平八，车8进1，马六进五，象7进5，炮五进五，士5退4，车八平三，车1平2，车三进五，车2进5，帅五平四，炮7平4，帅四进一，炮4退1，仕五退六，车8退1，帅四退一，车8进1，帅四进一，车8退9，黑方多子胜势。

16. 马六进七　卒5进1　　17. 后马进六　车1平3

18. 马六进七　卒5进1

黑方进中卒，保存实力。似不如改走车3进2，马七退五，马7进5，伏有“抽将”的手段，黑方优势。

19. 后马退五　车3进2　　20. 炮八平七　炮7退2

黑方退炮，着法简明。如改走炮2进7，则车九平八(如炮七进五，则炮7平4，仕五退四，炮4退1，帅五进一，车8退1，车四退二，炮4平6，黑方优势)，炮7平4，仕五退四，炮4平6，帅五进一，车3平1，车四平二，炮6退8，车二退三，炮2平8，马五进七，车1平4，炮五进五，士5退4，炮五退二，将5进1，炮七平二，马7进8，车八平三，车4平7，纠缠中黑方易走。

21. 仕五退四　炮7平3　　22. 车九平七　炮2进1

23. 车四进三　…………

红方进车捉炮，正着。如改走兵七进一，则炮2平5，兵七进一，车3平4，黑方易走。

23. …………　炮2平5　　24. 马五退三　…………

红方退马，伏有先弃后取的战术手段，是保持局面均衡的巧着。

24. …………　卒5平6　　25. 炮五平三　卒6平7

26. 炮三进五　车3进1　　27. 炮三退一　车8退6

28. 兵七进一　…………

红方献兵，逼迫黑方兑子交换，加快了和棋的进程。黑如接走车3平4，则兵七平六，黑方亦无便宜可占。

28. …………　象5进3　　29. 车七进三　车8平7

30. 车四平三　车3进1　　31. 车三平五

和势。

第二种走法：马七退五

14. 马七退五　…………

红方回马窝心，含蓄的走法。

14. …………　车8平6　　15. 相三进一　马7进8

16. 车四进二　…………

红方进车捉炮，必走之着。如改走车四平三，则炮7平6，黑方优势。

16. …………　炮2退1　　17. 炮五平三　…………

红方卸炮，巧妙化解黑方攻势，正着。如改走车四退三，则马8进7，车四进一，马7进8，红方难应。

17. …………　车6进1

黑方舍车砍仕，伏有先弃后取的手段，妙手！

18. 帅五平四　炮2平6　　19. 帅四平五　炮6进1

20. 马五进四　马8进6　　21. 炮八进二　马6进4

22. 车九平六　马4退5　　23. 马四进五　卒5进1

24. 炮八进一　车1平4

黑方平车牵制红方车马，势在必行。如改走卒5进1，则马六进七，炮7平3，炮八平五，炮7平9，车六进五，红方优势。

25. 炮八平五　象7进9　　26. 炮五退四　车4进3

27. 相七进五　象9退7　　28. 马六退四　车4进4

29. 炮三平六

双方均势。

第23局　黑飞右象对红高边车(二)

1. 炮二平五　马8进7　　2. 马二进三　车9平8

3. 车一平二　马2进3　　4. 兵七进一　卒7进1

5. 车二进六　炮8平9　　6. 车二平三　炮9退1
7. 兵五进一　士4进5　　8. 兵五进一　炮9平7
9. 车三平四　卒7进1　　10. 马三进五　卒7进1
11. 马五进六　车8进8　　12. 马八进七　象3进5
13. 车九进二(图23)　…………

如图23形势,黑方有两种走法:(一)马7进8;(二)车1平3。分述如下:

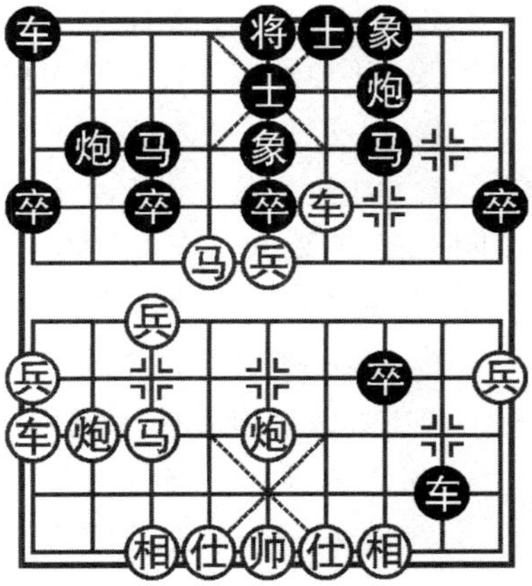

图23

第一种走法:马7进8

13. …………　马7进8

黑方此时跃马捉车并准备弃炮谋取红方左车,不合时机,有嫌急躁。

14. 车四平三　马8进6
15. 车三进二　马6进4
16. 仕四进五　马4进3
17. 帅五平四　前马退1
18. 马六进七　卒5进1

黑方如改走马1进2,则兵五进一,马2退3,车三平四,红亦大占优势。

19. 后马进五　车8退4

黑方退车保卒,无奈。如改走车1平3,则马七进五,士6进5,炮五进三,红方胜势。

20. 相七进九　车1平3
21. 马五进六　卒5进1
22. 兵七进一　…………

红方献兵,可使肋马“生根”,紧凑有力之着。

22. …………　卒7平6

黑方如改走车8平6,则帅四平五,卒7平6,炮八进三,黑方亦难应付。

23. 车三平四　车8进5
24. 马七进五　…………

红方发起致命一击,马踩中士,黑方防线崩溃。

24. …………　车8平7　　25. 帅四进一　士6进5
26. 炮五进五　士5进6　　27. 炮五退一　炮2进1

黑方献炮,无奈！如改走车7退6,则炮八平四,黑方难以应对红方下一步马六进五的凶着。

28. 炮五平八　卒5进1　　29. 车四退一

红方胜势。

第二种走法:车1平3

13. …………　车1平3

黑方平象位车先使右马生根,再伺机反击,是比较含蓄的一种走法。

14. 兵五进一　卒7平6

黑方应改走马3进5,红如接走马七进八,则炮2进5,车四进二,马7进6,车四平三,炮2进2,车九平八,车8平4,车八退二,车4退4,黑可抗衡。

15. 兵五进一　炮7进8　　16. 仕四进五　象7进5

17. 马六进五　马3进5

黑方如改走炮2平5,则炮八进五,红方优势。

18. 炮八退一　车8进1　　19. 炮八平六　车3进2

20. 车四平五　炮2平5　　21. 炮五进五　士5退4

22. 车五退二　…………

红方如误走车五退四,则卒6进1,车五进三,炮7退2,仕五退四,卒6进1,炮五平四,士6进5,马七进五,车8平6,炮四退七,炮7进2,黑胜。

22. …………　炮7退2　　23. 仕五退四　炮7平1

24. 相七进九

红方优势。

第24局　黑飞右象对红献七兵

1. 炮二平五　马8进7　　2. 马二进三　车9平8

3. 车一平二　马2进3　　4. 兵七进一　卒7进1

5. 车二进六　炮8平9　　6. 车二平三　炮9退1

7. 兵五进一　士4进5　　8. 兵五进一　炮9平7

9. 车三平四　卒7进1　　10. 马三进五　卒7进1

11. 马五进六　车8进8　　12. 马八进七　象3进5

13. 兵七进一(图24)　…………

红方先行弃掉七兵,是改进后的走法。

如图24形势,黑方有两种走法:(一)卒3进1;(二)马7进8。分述如下:

第一种走法:卒3进1

13.………… 卒3进1

黑方进卒吃兵,准备弃子取势。

14.马六进七 马7进8

黑方如改走车1平3捉马,则前马退六,也是红方先手。

15.车四平三 炮7进1

16.前马退六 马8进6

17.车三退三 炮7进7

黑方弃炮打相,着法有力。

18.车三退三 …………

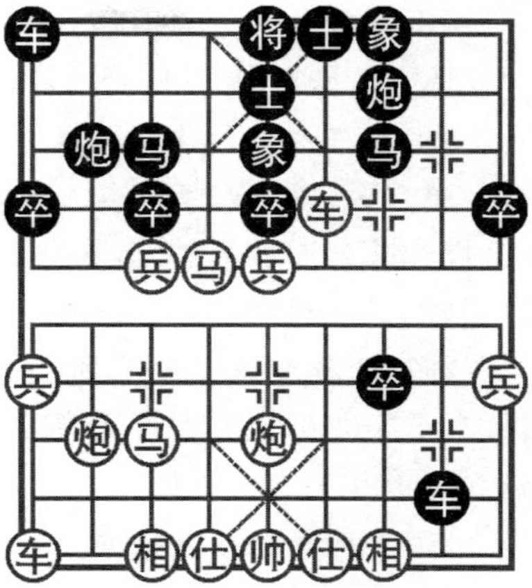

图24

红方退车吃炮,正着。如改走仕四进五,则车8进1,车九进一,炮7平4,仕五退四,炮4平6,车九平四,炮6平3,帅五进一,马6进5,炮八平五,炮2进6,黑方胜势。

18.………… 马6进4　19.仕四进五 马4进3

20.帅五平四 马3进1　21.兵五进一 车8退4

22.兵五进一 …………

红方应改走炮八进三保马,较为积极有力。

22.………… 车8平6　23.仕五进四 车6进3

24.帅四平五 象7进5　25.马六进五 马1退2

26.仕六进五 车6平5　27.相七进五 炮2平4

28.车三进六

红方稍优。

第二种走法:马7进8

13.………… 马7进8

黑方进马捉车,抢先发起反击,是目前较好的选择。

14.车四平三 马8进6　15.车三进二 …………

红方如改走车三退三吃卒,则炮7进8打相,下伏马6进4手段,黑方优势。

15.………… 马6进4　16.仕四进五 马4进3

17.帅五平四 前马进1　18.兵七进一 …………

红方如改走马六进七吃马,则卒5进1,炮八进三,卒5进1,兵七进一,车8退4,黑方优势。

18.………… 卒5进1

黑方舍马吃中兵，机警之着，算定吐回一子后可以牢牢把握住局势。

19.车三平四 车1平4

黑方平车捉马，紧凑有力之着。如改走马3退4贪恋子力，则红可炮八进三，炮2退1，车四退二，卒5进1，马六进八，抢攻在前。

20.马七进八 …………

红方如改走马七进五，则马1退2，马六进七（如炮五进三，则马3进5，炮五进二，士5进6，黑方大占优势），车4进9，仕五退六，马2进4，帅四平五，马4退5，也是黑方大占优势。

20.………… 马1退2　　21.兵七进一 车4进3

22.兵七平八 车8退5

黑方退车，下伏车4平6硬兑红车的手段，是化解红方攻势、稳占优势的简明有力之着。

23.炮五进五 将5平4　　24.炮五平七 车8平6

25.车四退二 车4平6　　26.帅四平五 马2进1

黑方胜势。

第25局　红进正马对黑进马捉车

1.炮二平五 马8进7　　2.马二进三 车9平8

3.车一平二 马2进3　　4.兵七进一 卒7进1

5.车二进六 炮8平9　　6.车二平三 炮9退1

7.兵五进一 士4进5　　8.兵五进一 炮9平7

9.车三平四 卒7进1　　10.马三进五 卒7进1

11.马五进六 车8进8　　12.马八进七 马7进8

黑方进马弃炮捉车，容易吃亏。

13.车四平三 马8进6　　14.车三进二 …………

红车吃炮，正着。如改走车三退三吃卒，则炮7进8，车三退三，马6进4，仕四进五，马4进3，帅五平四，前马进1，红方缺相无便宜。

14.………… 马6进4　　15.仕四进五 马4进3

16.帅五平四 前马进1　　17.马六进七 卒5进1（图25）

黑方如改走象3进5，则兵五进一，车8退4，车三平四，车8平5，前马进五，卒7平6，兵五进一，马1退2，马五进七，车1平3，兵五进一，士6进5，车四平五，将5平4，车五退三，红方大占优势。

如图25形势，红方有两种走法：（一）前马进五；（二）车三平四。分述如下：

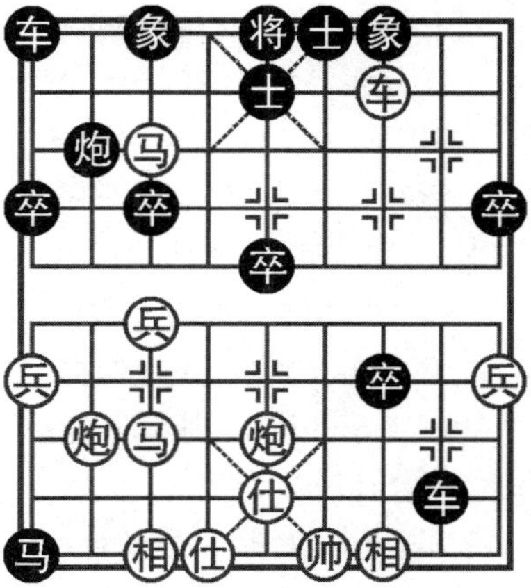

图25

第一种走法：前马进五

18. 前马进五　…………

红方进马破士，毁去黑方藩篱，为取胜创造有利条件。

18. …………　象3进5

黑方如改走象7进5，则马五退七，马1退2，后马进五，马2退4，车三平六，象3进1，车六退六，红方大有攻势。

19. 马五进三　车8退8

黑方如改走马1退2，则车三平四，红亦大占优势。

20. 炮八退二　…………

红方亦可改走马七进八，炮2平3（如马1退2，则马八进七），马八进七，车1平4，车三平七，车8进3，车七平四，卒7平6，车四退五，士6进5，炮五进五，士5进6，炮八平五，红方胜势。

20. …………　车1平4　　21. 车三退五　车4进3

22. 帅四平五　卒5进1　　23. 车三平八　炮2进7

黑方兑炮，无奈。如改走炮2平4，则车八进六，炮4退2（如将5进1，则车八平四），马三退四，将5进1，车八退一，炮4进1，车八退一，炮4进1，马四退五，炮4退1，马五进七，车4平3，车八平五，将5平6，车五退三，红亦胜势。

24. 马三退四　将5进1　　25. 车八进五　车4退2

26. 车八退八　车8进2　　27. 马四退五　车8进7

28. 车八平九

红方多子胜势。

第二种走法：车三平四

18. 车三平四　…………

红方平车占肋伏杀，紧凑有力之着。

18. …………　卒7平6

黑方弃卒拦车解杀，无奈之着。如改走象3进5，则后马进五，黑方难以抵挡红方的强大攻势。

19. 后马进五　…………

红方弃马作攻，构思十分巧妙！

19. …………　车 8 退 4

无奈之着，如改走卒 6 平 5，则炮五进三，士 5 进 4，车四进一，将 5 进 1，车四退一，将 5 退 1，车四退二，红方胜势。

20. 炮八进三　卒 5 进 1　　21. 兵七进一　车 8 进 1

红方弃马作攻，先进炮捉车，再献兵捉车，可谓妙着连连，令黑方防不胜防。黑如改走车 8 进 3，则车四退五，象 3 进 5，炮五进二，车 3 平 5，马五进七，车 5 进 1，后马进六，红方胜定。

22. 马五进七　卒 3 进 1　　23. 后马进三　卒 6 平 5

24. 炮八退一　…………

红方退炮谋得一车，为取胜打下了基础。

24. …………　前卒进 1　　25. 炮八平二

红方得车胜势。

第 26 局　红进正马对黑升边车

1. 炮二平五　马 8 进 7　　2. 马二进三　车 9 平 8

3. 车一平二　马 2 进 3　　4. 兵七进一　卒 7 进 1

5. 车二进六　炮 8 平 9　　6. 车二平三　炮 9 退 1

7. 兵五进一　士 4 进 5　　8. 兵五进一　炮 9 平 7

9. 车三平四　卒 7 进 1　　10. 马三进五　卒 7 进 1

11. 马五进六　车 8 进 8　　12. 马八进七　车 1 进 2(图 26)

黑方升边车弃马，不落俗套的走法。

如图 26 形势，红方有两种走法：(一)马六进七；(二)炮五退一。分述如下：

第一种走法：马六进七

13. 马六进七　…………

红方吃马，正中圈套。

13. …………　炮 2 进 1

黑方高炮，是其升边车弃马的续进手段。

14. 兵五进一　…………

红方弃还一子解围，不失为机警之着。

红还有另外两种走法：①前马退九，马 7 进 8，车四平三，马 8 进 6，车三退三,炮7进8,车三退三,马6进4,仕四进五,马4进3,帅五平四,马3进1,黑方优势;②前马退五(如炮五进四,则马7进5,车四平三,车1平3,车三进二,马5退7,车三平四,车3平5,黑方优势),马7进8,车四平三,马8进6,车三进二,马6进4,仕四进五,马4进3,帅五平四,车1平6,炮五平四,马3进1,炮八退二,车8平7,相七进五,炮2进5,黑方优势。

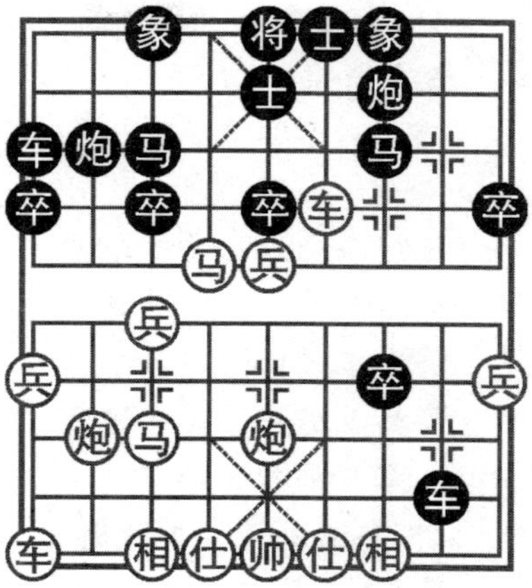

图26

14. …………　车1平3
15. 兵五平六　象3进5
16. 仕四进五　卒7平6

黑方献卒胁相,取势要着。

17. 车九进一　炮7进8　　18. 车九平六　车8进1
19. 车四退三　炮7平4　　20. 仕五退四　炮4退6
21. 车六平三　炮4平5　　22. 车四平五　象5进7

黑方优势。

第二种走法:炮五退一

13. 炮五退一　…………

红方退中炮,针锋相对之着。

13. …………　炮2退1

黑方退炮,预作防范。

14. 车九进一　马7进8

黑方如改走车8退4,则炮八进三,也是红方优势。

15. 车四平三　马8进6　　16. 车三退三　车8退4
17. 车九平六　…………

红车占肋,紧凑有力之着。

17. …………　车8平5　　18. 马七进五　马6退4
19. 马五进六　…………

红方不吃车而吃马,大局感极强的走法。也可改走炮五进四,马4进5,车三平五,卒5进1,车五进二,象3进5,车六进五,也是红方稍优。

19. …………　卒3进1　　20. 兵七进一　马3进4

21. 兵七平六　车 5 进 1

红方稍优。

第 27 局　红进正马对黑退肋马

1. 炮二平五　马 8 进 7　　2. 马二进三　车 9 平 8

3. 车一平二　马 2 进 3　　4. 兵七进一　卒 7 进 1

5. 车二进六　炮 8 平 9　　6. 车二平三　炮 9 退 1

7. 兵五进一　士 4 进 5　　8. 兵五进一　炮 9 平 7

9. 车三平四　卒 7 进 1　　10. 马三进五　卒 7 进 1

11. 马五进六　车 8 进 8　　12. 马八进七　马 3 退 4

黑方马 3 退 4，另辟蹊径。

13. 兵五进一　马 7 进 8（图 27）

如图 27 形势，红方有两种走法：（一）车四退四；（二）兵五平六。分述如下：

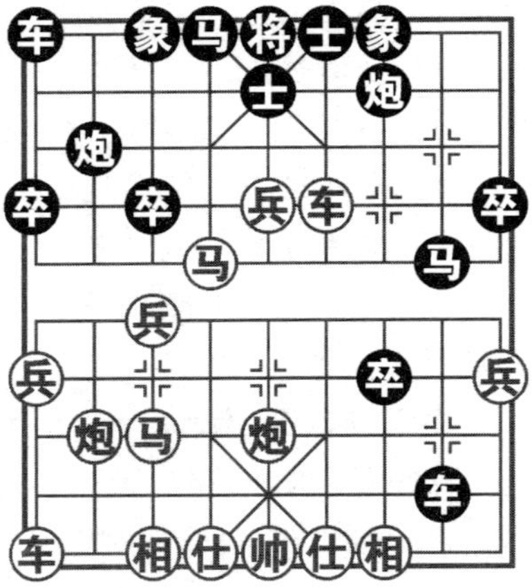

图 27

第一种走法：车四退四

14. 车四退四　…………

红方退车仕角，简明有力之着。如改走车四平三，则炮 2 平 7，马六进八，马 4 进 3，红方也有所顾忌。

14. …………　炮 2 平 9

黑方如改走炮 7 进 8，则仕四进五，炮 7 平 9（如车 8 进 1，车九进一，红方优势），帅五平四，对攻中红占主动。

15. 车九平八　炮 9 进 4　　16. 车四平一　…………

红方平车拦黑方边炮，必走之着。

16. …………　车 8 平 4

黑方平车捉马，反凑其忙。应改走炮 9 退 2，较为顽强。

17. 马六进四　…………

红方进马逼兑黑马，伏有谋子手段，可谓连消带打之着，顿令黑方难以应付了。

17. …………　马 8 退 6　　18. 兵五平四　象 3 进 5

19. 车一进一　…………

红方借兑马之机，乘机谋得一炮，为取胜奠定了物质基础。

19. ………… 车4退2　20. 炮五进一

红方胜势。

第二种走法：兵五平六

14. 兵五平六　炮2平5

黑方补架中炮，正着。

15. 仕四进五　车8进1　16. 车四退一　炮7进8
17. 车四平二　车8退5　18. 马六进四　车8平5
19. 兵六进一　车5退1　20. 兵六平五　象3进5
21. 马四退二　卒7平6　22. 马七进六　车5平8
23. 马六进四　车8进1　24. 马四进六　炮7退8

黑方胜势。

第28局　红退中炮对黑飞右象

1. 炮二平五　马8进7　2. 马二进三　车9平8
3. 车一平二　马2进3　4. 兵七进一　卒7进1
5. 车二进六　炮8平9　6. 车二平三　炮9退1
7. 兵五进一　士4进5　8. 兵五进一　炮9平7
9. 车三平四　卒7进1　10. 马三进五　卒7进1
11. 马五进六　车8进8　12. 炮五退一　…………

红方退中炮，既可防止黑方车8平2压马，又可伺机补相调整阵势，新的尝试。

12. ………… 象3进5

黑方飞中象，准备弃马争先。如改走车1进2，则车九进一，车8退4，马六进七，炮2进7，炮八进七，象3进5，车九平八，车1平3，车八退一，车8平5，车四进二，炮7平9，炮八平九，将5平4，相七进五，车5平4，炮五平二，红方优势。

13. 兵七进一（图28）　…………

红方不吃马而弃七兵，是其退中炮的后续手段。如改走马六进七，则车1平3，马七退五，马7进5，相三进五，马5退3，车四平三，炮7平8，车三退三，车8平6，车三平二，炮8平7，相五进三，车3平4，马八进七，车6退3，相七进五，炮7平6，黑方易走。

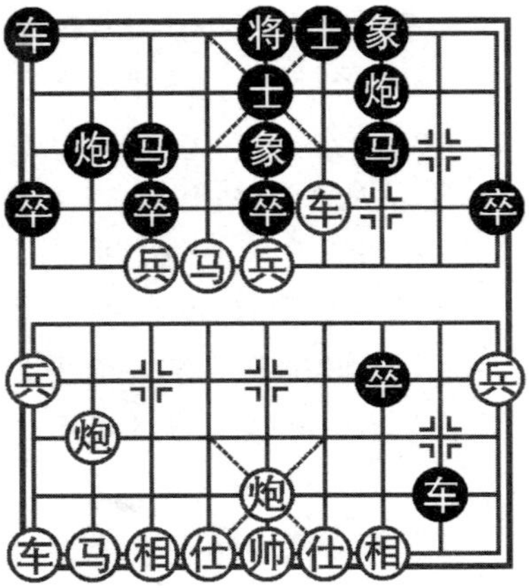

图 28

如图 28 形势，黑方有三种走法：(一)马 7 进 8；(二)马 3 退 4；(三)卒 3 进 1。分述如下：

第一种走法：马 7 进 8

13. ………… 马 7 进 8

黑方如改走车 1 平 3，则兵七进一，马 3 退 4，马八进七，红方主动。

14. 车四平三 炮 2 退 1

15. 车九进一 马 8 进 6

16. 兵五平四 …………

红方平兵巧兑黑马，可以化解黑方的反击之势，佳着。

16. ………… 马 6 退 4 17. 兵七平六 …………

红方如误走炮五进六，则马 4 退 5，车九平二，马 5 进 7，黑方得子占优。

17. ………… 车 8 进 1

黑方沉车底线，暗保过河卒，失策。应改走车 8 退 4，红如接走炮八平七，则车 8 平 6，炮七进五，车 1 进 2，炮五平七，车 6 平 4，黑方少子多卒，足可一战。

18. 炮八平七 卒 7 平 6 19. 相七进五 车 1 平 4

20. 车九平六 …………

红方平车保兵，不为黑马所动，是控制局面的好棋。如改走炮七进五，则车 4 进 4，以下黑方伏有车 4 平 6、卒 6 进 1 等手段，红方反而麻烦。

20. ………… 马 3 退 1

黑方可考虑改走卒 6 进 1 引离红炮，较为顽强。

21. 炮五进五 …………

红方中炮射出，既消除了己方窝心炮的弱点，又确立了镇中炮的攻势，还为过河双兵联手创造了有利条件，局势愈加有利。

21. ………… 马 1 进 2 22. 仕六进五 马 2 进 3

23. 车六进二 卒 3 进 1 24. 炮七进三 炮 2 平 4

25. 车六平四

红方优势。

第二种走法：马 3 退 4

13. ………… 马 3 退 4

黑方退马，稳健的走法。

14. 兵七进一　…………

红方如改走相七进五，则象5进3，兵五进一，马7进8，车四平二，炮2平7，相五进三，马8进9，车二退五，马9进8，相三进五，车1平2，马八进六，车2进6，黑方子力活跃易走。

14. ……　车1平3　　15. 马八进七　卒5进1

黑方另有两种走法：①车3进3，马六退八（如马七进八，则炮2进5，马八进七，马7进8，车四平三，炮2平7，车三平二，卒7平8，相三进五，马8进6，炮五平八，车8平2，仕四进五，卒5进1，马七退五，马6退4，车二平三，前炮退3，车三进二，车2退3，黑方优势），红方主动；②炮2退1，车九进二，马7进8，车四平三，卒5进1，马七进八，马8进6，车三退三，马6退4，炮八平七，前马进2，炮七进七，象5退3，车九平六，马2退3，黑方多子占优。

16. 炮八退一　…………

红方如改走相三进五，则马7进8，车四平二，马8进9，车二平三，炮7平8，炮八退一，车8平6，车三平二，车3进3，车二进二，车6退3，马六退五，卒5进1，马五进七，卒5平4，后马进六，车3平6，炮五平四，前车进3，仕六进五，前车退3，马六退七，马9进7，帅五平六，炮2平4，黑方大占优势。

16. …………　车8退2

黑方退车兵线意在反击，含蓄的走法。

17. 炮八平七　马7进8　　18. 车四平三　炮2退1

黑方如改走马8进6，则车三进二，马6退4，车九平八，红方优势。

19. 马七进八　车3平2　　20. 相七进五　卒7平6

21. 兵七进一　卒6进1

双方对攻，各有顾忌。

第三种走法：卒3进1

13. …………　卒3进1

黑方挺卒吃兵，准备弃马争先，是改进后的走法。

14. 马六进七　炮2进1

黑方也可以考虑马7进8直接发动反击，对抗性较强。

15. 车四退二　车1进2

黑方如改走炮2退2，则相三进五，卒5进1，炮八退一，车8退2，炮五进四，卒7进1，车四进三，车8退2，车四平三，车8平5，车三退五，车1进2，炮八平五，车5平6，马七退五，炮7平8，车三平二，炮8平9，车二进一，炮2平3，马八进七，车6退1，马五退六，车1平2，马七进五，红方多子占优。

16. 炮八平七　炮2退2

黑方退炮，稳健的走法。如改走卒5进1，则车四进四，象5退3(如炮2平7，则炮五进六，士5进4，相七进五，车1平2，马八进九，红方优势)，车九进一，炮2退2，车四退四，车8退4，车九平六，象7进5，车四平六，炮2平3，前车平八，红方优势。

17. 车九进一　…………

红方进车暗保中兵，新的尝试。如改走炮七退一，则马7进8，车四平三，车8退3，相七进五，车8平7，相五进三，马8进6，马八进六，车1平2，车九进二，卒5进1，黑方弃子占优。

17. …………　马7进8　　18. 车四平三　车8退3
19. 车三退一　卒5进1　　20. 车九平六　车1平2
21. 车三平五　炮7进1　　22. 马七进五　士6进5
23. 车五进二　马8退6　　24. 车五平四　车2进1

黑方优势。

第29局　红退中炮对黑退肋马(一)

1. 炮二平五　马8进7　　2. 马二进三　车9平8
3. 车一平二　马2进3　　4. 兵七进一　卒7进1
5. 车二进六　炮8平9　　6. 车二平三　炮9退1
7. 兵五进一　士4进5　　8. 兵五进一　炮9平7
9. 车三平四　卒7进1　　10. 马三进五　卒7进1
11. 马五进六　车8进8　　12. 炮五退一　马3退4

黑方退马，避红方锋芒。

13. 车九进一(图29)　…………

红方高左横车，暗伏炮五进五打将抽车的手段，攻守两利之着。如改走兵五进一，则马7进8，黑方易走。

如图29形势，黑方有两种走法：(一)卒5进1；(二)车8退3。分述如下：

第一种走法：卒5进1

13. …………　卒5进1　　14. 炮八平五　车8退4

15. 马八进七　…………

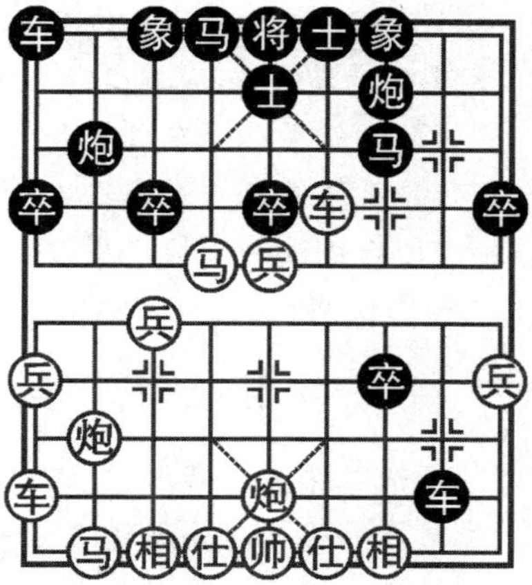

图 29

红方进左马，正着。如改走车九平六，则卒7平6，相三进一，炮2进5，车四进二，炮2平9，后炮平一，车1进2，马六进八，车1平2，车四平三，车8平7，车六进七，车2进1，马八进七，炮9平3，车三进一，卒6平5，炮五平二，车7平8，车三退二，车8进3，车三退二，车8退4，黑方多子占优。

15. ………… 车8平6

黑方平车邀兑，以求减轻压力。黑如改走马4进5，则红方有两种走法：①车九平六，炮2平4，马六退八，车8平6，车四退一，马7进6，后炮进四，将5平4，车六进二，炮4退1，后炮平六，红方优势；②马六进五，象7进5，车四进二，炮7退1（如炮2退1，则前炮进五，象3进5，炮五进六，将5平4，车九平六，炮2平4，车四平三，红方得象占优），车九平六，炮2平4，马七进八，车8退1，后炮进四，车1进2，后炮平七，红方易走。

16. 车四退一　马7进6　　17. 后炮进四　马4进5

18. 车九平四　…………

红车捉马抢占肋道，紧凑有力之着。

18. …………　马6进8　　19. 车四进三　马8进6

20. 仕四进五　马6进7

黑方如改走炮2平4，则后炮平四，将5平4，马六进七，将4进1，后马进五，红亦优势。

21. 帅五平四　卒7平6　　22. 后炮平三　…………

红方平炮催杀，先手吃掉黑方过河卒，并继续保持“铁门栓”的杀势，加快了胜利的步伐。

22. …………　炮7平8　　23. 车四退一

红方优势。

第二种走法：车8退3

13. …………　车8退3

黑方退车，新的尝试。

14. 炮八进二　车8退1　　15. 马六进八　车1平2

黑方如改走炮2进3，则车四进二，马4进5，兵五进一，红方优势。

16. 车四进二　马 4 进 5

黑方进马嫌软，应改走炮 7 平 9 为宜。

17. 炮五平八　车 8 平 5　　18. 相三进五　马 7 进 8
19. 前炮进三　炮 7 进 4　　20. 前炮进一　将 5 平 4
21. 后炮进一　炮 7 平 5　　22. 仕四进五

红方优势。

第 30 局　红退中炮对黑退肋马(二)

1. 炮二平五　马 8 进 7　　2. 马二进三　车 9 平 8
3. 车一平二　马 2 进 3　　4. 兵七进一　卒 7 进 1
5. 车二进六　炮 8 平 9　　6. 车二平三　炮 9 退 1
7. 兵五进一　士 4 进 5　　8. 兵五进一　炮 9 平 7
9. 车三平四　卒 7 进 1　　10. 马三进五　卒 7 进 1
11. 马五进六　车 8 进 8　　12. 炮五退一　马 3 退 4
13. 相三进五(图 30)　…………

红方飞相调整阵势，新的尝试。

如图 30 形势，黑方有两种走法：(一)卒 5 进 1；(二)马 7 进 8。分述如下：

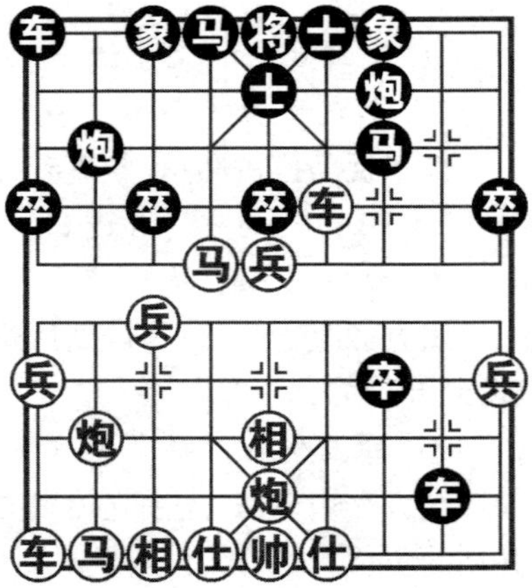

图 30

第一种走法：卒 5 进 1

13. …………　卒 5 进 1
14. 炮八退一　车 8 退 2
15. 炮五进四　马 4 进 5

黑方马跳中路嫌软，应改走象 3 进 5 为宜。

16. 车九进二　…………

红方高边车准备弃马抢攻，抢先之着。

16. …………　车 8 退 2

黑方退车捉炮，有嫌落空。不如改走炮 2 平 4，红如接走炮 2 进 7 贪吃红马，则车九平六，红方子力占位极佳，以下有马六进七等多种攻击手段，黑方难应。

17. 炮八进四　车 8 进 1　　18. 车九平六　车 8 平 5
19. 马八进七　炮 2 平 4　　20. 马六进五　象 3 进 5

21. 车六进三　马7进8　　22. 车四平五　车5平8
23. 炮五进二　象7进5　　24. 炮八平二

红方优势。

第二种走法:马7进8

13. …………　马7进8

黑方进马逐车,改进后的走法。

14. 车四平二　炮2平6　　15. 炮八进四　卒5进1
16. 炮五进四　象3进5　　17. 兵七进一　…………

红方应改走车二进二为宜。

17. …………　卒7进1　　18. 炮八退二　炮7进5
19. 兵七进一　马4进2

对攻中黑方易走。

第31局　黑进车下二路对红补右仕

1. 炮二平五　马8进7　　2. 马二进三　车9平8
3. 车一平二　马2进3　　4. 兵七进一　卒7进1
5. 车二进六　炮8平9　　6. 车二平三　炮9退1
7. 兵五进一　士4进5　　8. 兵五进一　炮9平7
9. 车三平四　卒7进1　　10. 马三进五　卒7进1
11. 马五进六　车8进8
12. 仕四进五(图31)　…………

红方补仕,正常应法之一。

如图31形势,黑方有两种走法:(一)车8进1;(二)卒7平6。分述如下:

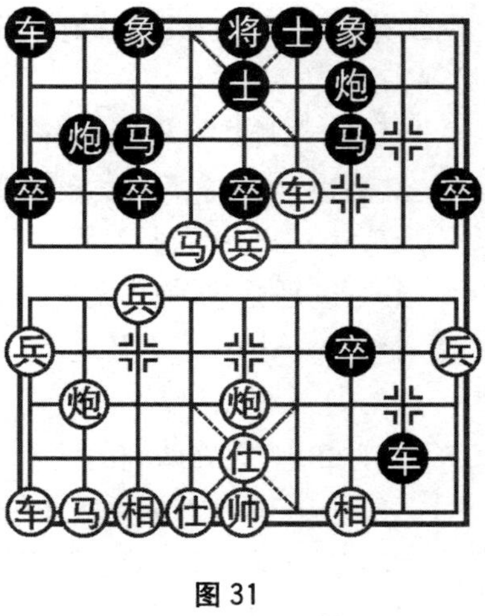
图31

第一种走法:车8进1

12. …………　车8进1
13. 马六进七　卒5进1

黑方挺中卒吃兵嫌缓,似不如改走卒7平6,红如接走车四退三,则炮7进8,要比实战走法更具反击力。

14. 马八进七　马7进8
15. 车四平三　马8退9

16. 车三退三　炮7进8　　17. 车九进一　象3进5

黑方如改走炮7平4(如炮7退2,则仕五退四,炮7平3,车三进六,红方优势),则仕五退四,炮4平6,车九平四,炮7平3,帅五进一,也是红占主动。

18. 后马进五　车1平3　　19. 马七进五　…………

红方舍马踏中士,开始发起反击。

19. …………　士6进5　　20. 炮五进三　炮7平4

黑方如改走将5平6,则马五进四,下伏炮八平四的手段,黑方亦难应付。

21. 仕五退四　炮4退9

黑方退炮解杀,无奈之着。如改走炮4平6,则车九平四,炮6平3,帅五进一,车8退9,车三平四,将5平4,马五进六,红亦胜势。

22. 车九平三

红方大占优势。

第二种走法:卒7平6

12. …………　卒7平6

黑方弃卒攻相,较佳的选择。

13. 车四退三　炮7进8

黑炮打相,力求一搏的走法。

14. 马八进七　象3进5

黑飞右象,改进后的走法。如改走车8进1,则车九进一,象3进5,马六进七,卒5进1,车九平六,车1平3,前马退五,炮7退2,车四退三,车8平6,帅五平四,炮7平3,马五进三,炮2平7,车六平七,炮7进5,炮五进五,象7进5,炮八平三,红方稍优。

15. 车九进二　…………

红高边车,是含蓄有力的走法。

15. …………　车1平3　　16. 马七进八　…………

红方进马兑炮,是车九进二的续进手段。

16. …………　炮2进5　　17. 车九平八　车8进1

18. 炮五平三　…………

红方卸炮,攻守两利的佳着!

18. …………　卒5进1　　19. 车四进五　…………

红方进车塞象眼,着法凶悍。

19. …………　象5进7

黑方如改走马7进5，则马八进七，卒5进1，马六进五，炮7平4，仕五退四，炮4退8，马五退三，车8退9，车四退三，双方各有顾忌。

20. 相七进五　马3进5　　21. 车四退二　炮7平4

黑炮击仕，新的尝试。以往黑方曾走炮7退1，仕五退四，象7退9，车八退一，车8退1，相五退三，卒3进1，炮三平五，卒3进1，马八进九，红方稍优。

22. 仕五退四　车3平4　　23. 马六进八　炮4退4

24. 后马进七　炮4平5　　25. 相五进三　…………

红方扬相，佳着！

25. …………　车4平3

黑方平车，无奈。如改走车4进8，则马八进七，马5退4，炮三平六，黑方防不胜防。

26. 炮三进三

红方优势。

第32局　红进马吃马对黑献卒攻相

1. 炮二平五　马8进7　　2. 马二进三　车9平8

3. 车一平二　马2进3　　4. 兵七进一　卒7进1

5. 车二进六　炮8平9　　6. 车二平三　炮9退1

7. 兵五进一　士4进5　　8. 兵五进一　炮9平7

9. 车三平四　卒7进1　　10. 马三进五　卒7进1

11. 马五进六　车8进8　　12. 马六进七　…………

红方吃马，是谋取实利的走法。

12. …………　卒7平6

黑方献卒攻相，正着。如改走车8平2，则兵五进一，车2退1，车九进二，红方大占优势。

13. 炮五进四　…………

红方炮打中卒，正着。如改走车四退三，则炮7进8，仕四进五，卒5进1，马八进七，车8进1，相七进九，象3进5，车九平七，车1平3，前马退五，车3平4，马五进三，炮2平7，车四平三，前炮平4，仕五退四，炮4平6，黑方胜势。

13. …………　象3进5

黑方补象，保留炮7进8打相的手段，正着。如改走马7进5，则兵五进一，车8平2，炮八平二，炮2进7，兵五平六，车1进2，炮二进七，卒6平5，兵六进一，车1平2，车四平五，前车平4，车九平八，车2进7，车五退三，车2退8，车五平四，象3进5，兵六平五，车4平8，兵五进一，车2平5，相七进五，车8退8，车四平八，车5进6，相三进五，炮7平5，仕六进五，绝杀，红胜。

14. 相七进五　…………

红方飞左相，改进后的走法。如改走相三进五，则马7进5，马七退五，车8平2，黑方易走。

14. …………　马7进5

黑方如改走车8平2，则车四进一，马7进8，车四退四，炮7进1，车四进二，炮2进2，兵七进一，马8进7，车四进二，炮2平5，仕四进五，炮7进2，炮八进三，炮7平3，炮八平五，炮3退2，后炮进二，象7进5，车四平五，红方胜势。

15. 马七退五　车8平2　　16. 马八进六　车1平4

17. 车四退三　车4进8(图32)

如图32形势，红方有两种走法：(一)炮八平七；(二)炮八平九。分述如下：

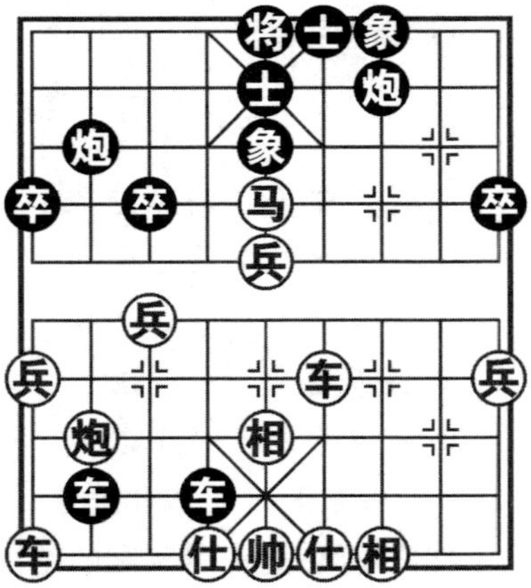

图32

第一种走法：炮八平七

18. 炮八平七　车2退4

19. 车四平五　车4退5

20. 仕六进五　炮2平4

21. 炮七退二　…………

红方如改走兵九进一，则象5退3，兵七进一，车2平3，炮七平九，车3平2，炮九进四，卒3进1，兵九进一，车2进1，车五平三，炮7平8，车三进六，红方优势。

21. …………　象7进9

黑方应改走象5退3，下伏炮4平5反击为宜。

22. 炮七平六　炮4进7　　23. 车九平六　车4进6

24. 仕五退六　士5进6　　25. 仕四进五

红方优势。

第二种走法：炮八平九

18. 炮八平九　…………

红方平边炮，易遭黑方反击。

18. …………　车2退4　　19. 车四平五　车4平6

20. 炮九退一　象5进7　　21. 仕四进五　车2进4
22. 相三进一　炮2平5　　23. 兵九进一　车6退5
24. 炮九进五　…………

红方应改走车五平二较妥。

24. …………　车2退5　　25. 兵九进一　车6平5
26. 车九平八　车5进1　　27. 车五进二　车2进6

黑方多子占优。

第二节　黑先补中象变例

第33局　红进正马对黑进马捉车

1. 炮二平五　马8进7　　2. 马二进三　车9平8
3. 车一平二　马2进3　　4. 兵七进一　卒7进1
5. 车二进六　炮8平9　　6. 车二平三　炮9退1
7. 兵五进一　士4进5　　8. 兵五进一　炮9平7
9. 车三平四　卒7进1　　10. 马三进五　卒7进1
11. 马五进六　象3进5

黑方补象，新的尝试。

12. 马八进七　马7进8

黑方进马捉车，刻意求变。如改走车8进8，则局面还原成常见变例。

13. 车四平三(图33)　…………

如图33形势，黑方有两种走法：(一)卒5进1；(二)马8退9。分述如下：

第一种走法：卒5进1

13. …………　卒5进1　　14. 车三进二　…………

红方进车吃炮，随手。应改走马六进七吃黑马，黑如接走炮7进1，则马七退五，形成一方多子、一方多卒占先的两分局势。

14. …………　马8退6

15. 马六进五　…………

红马踏象，不甘平稳。如改走车三退五，则马6进4，车三平六，演成平稳局面。

15. …………　炮2平5　　16. 炮五进五　象7进5

17. 车三退五　马 6 进 5

18. 车三平五　…………

红方如改走车三进三，则车 1 平 2，炮八平九，车 2 平 7，也是黑占主动。

18. …………　车 1 平 2　　19. 车九平八　卒 3 进 1

黑方兑卒，精巧有力之着！顿令红方进退维谷。

20. 相七进五　…………

红方补相，固防。如改走兵七进一，则马 5 退 3，黑亦大占优势。

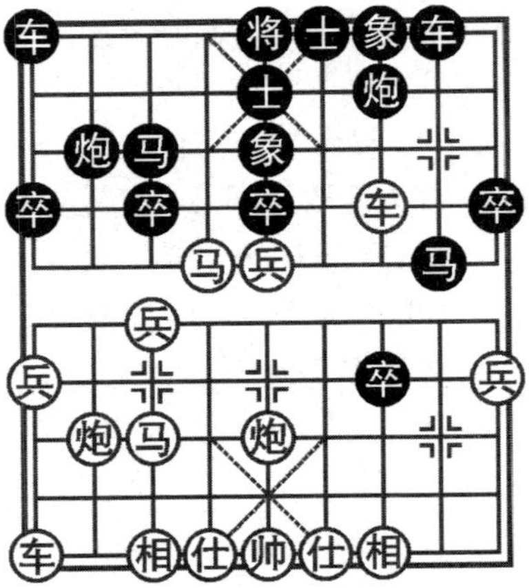

图 33

20. …………　马 3 进 4

21. 马七进六　…………

红方如改走车五平四，则卒 3 进 1，相五进七，车 2 进 7，车八进二，马 5 进 4，帅五进一，马 4 退 6，黑亦得子大占优势。

21. …………　车 2 进 6

黑胜。

第二种走法：马 8 退 9

13. …………　马 8 退 9

黑方弃卒，摆脱牵制，机警之着。

14. 车三退三　卒 5 进 1

黑方挺卒吃兵，准备弃子取势。

15. 马六进七　车 1 平 3　　16. 前马退五　车 8 进 3

黑方进车卒林，下伏马 9 进 7 打车和炮 2 进 1 打死红马的手段，含蓄有力的走法。

17. 炮八进四　…………

红方进炮，针锋相对的走法。如误走车三平八，则炮 2 进 5，车八退一，马 9 进 7，相三进一，马 7 进 6，马五进三，车 8 平 7，马三进一，炮 7 平 8，炮五平二，车 7 进 4，炮二进二，马 6 进 4，车八退一，车 7 平 3，黑方大占优势。

17. …………　马 9 进 7　　18. 马五退三　…………

红方马退象口，构思十分巧妙！也是夺取优势的关键之着。

18. …………　象 5 进 7　　19. 相三进一　…………

红方飞边相，化解黑方对红方三路底线的牵制，正着。

19. ………… 车3平4　20. 车三平四　象7退5
21. 车四进三　炮7平8　22. 车四平三　车8平7
23. 炮八平三

红方得子占优。

第34局　黑飞右象对红进马吃马

1. 炮二平五　马8进7　2. 马二进三　车9平8
3. 车一平二　马2进3　4. 兵七进一　卒7进1
5. 车二进六　炮8平9　6. 车二平三　炮9退1
7. 兵五进一　士4进5　8. 兵五进一　炮9平7
9. 车三平四　卒7进1
10. 马三进五　卒7进1
11. 马五进六　象3进5
12. 马六进七(图34)　…………

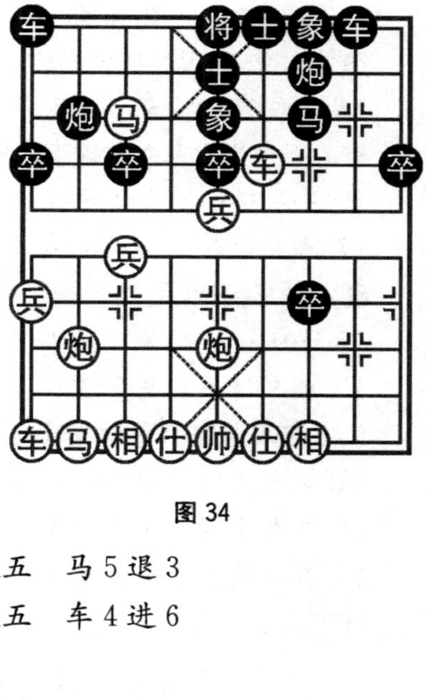

图34

如图34形势，黑方有两种走法：(一)车1平3；(二)马7进8。分述如下：

第一种走法：车1平3

12. ………… 车1平3
13. 前马退五　车8进8
14. 炮五退一　…………

红方退炮，保持变化的走法。如改走马八进七，则形成常见布局阵势。

14. ………… 马7进5　15. 相三进五　马5退3
16. 马八进七　车3平4　17. 马七进五　车4进6
18. 炮八进四　卒7平6

黑方弃卒暗伏反击手段，含蓄有力之着。

19. 车四退三　…………

红方如改走马五进六，则车8平6，车四平三，炮2退1，黑方优势。

19. ………… 将5平4　20. 兵五平六　车8平6
21. 车四平三　炮7平8　22. 车三平二　炮8平6
23. 车二退三　车6退2

黑马退车挤马，力争主动的有力之着。

24. 兵七进一　象 5 进 3　　25. 炮八平一　马 3 进 5

26. 炮一平七　炮 2 进 3

黑方进炮，可谓连消带打，是扩先取势的紧要之着。

27. 车九平八　…………

红方如改走炮七平六打车，则炮 2 平 4，兵六平五，炮 4 进 4，红方难应。

27. …………　炮 2 平 5

黑方大占优势。

第二种走法：马 7 进 8

12. …………　马 7 进 8

黑方跃马捉车，力争主动的走法。

13. 车四平三　马 8 退 9

黑方弃卒，预谋的战术手段。

14. 车三退三　卒 5 进 1　　15. 炮八平九　…………

红方平炮为右车左移埋下伏笔，灵活的走法。

15. …………　车 1 平 3　　16. 马七退五　车 8 进 3

17. 车三平八　…………

红方平车捉炮，是兑子争先的有力手段。

17. …………　炮 2 平 4　　18. 马八进七　马 9 进 7

19. 相三进一　马 7 进 6　　20. 车八平三　马 6 退 5

黑方如改走炮 7 平 6，则车九平八，红方多子易走。

21. 炮九进四　炮 4 进 1　　22. 炮五进四　车 8 平 5

23. 炮九平六　车 5 平 4　　24. 车三进五　卒 3 进 1

25. 兵七进一　车 3 进 4　　26. 马七进五

红方多子占优。

第 35 局　黑飞右象对红弃七兵

1. 炮二平五　马 8 进 7　　2. 马二进三　车 9 平 8

3. 车一平二　马 2 进 3　　4. 兵七进一　卒 7 进 1

5. 车二进六　炮 8 平 9　　6. 车二平三　炮 9 退 1

7. 兵五进一　士 4 进 5　　8. 兵五进一　炮 9 平 7

9. 车三平四　卒 7 进 1　　10. 马三进五　卒 7 进 1

11. 马五进六　象3进5　　12. 兵七进一(图35)　…………

红方不吃马而弃七兵，意图为后续马六进七后，多一路马七退六的通道。

如图35形势，黑方有两种走法：(一)卒7平6；(二)马7进8。分述如下：

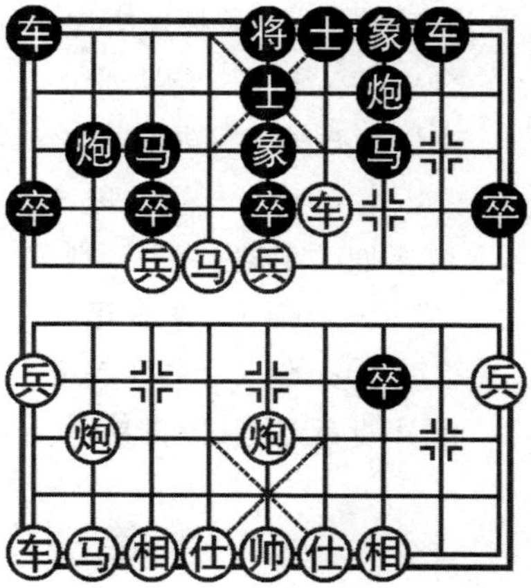

图35

第一种走法：卒7平6

12. …………　卒7平6

黑方平卒胁相，实战效果不佳。

13. 相三进一　卒6平5

黑方弃卒，嫌软。应改走卒3进1，红如接走马六进七，则可卒6平5。

14. 马六退五　卒3进1

15. 兵五进一　…………

红方冲兵，直攻中路。

15. …………　车1平4　　16. 兵五进一　…………

红方中兵破象，抢先发难，紧凑有力的走法。

16. …………　炮2平5　　17. 炮五进五　象7进5

18. 炮八平五　车4进6　　19. 马八进七　卒3进1

20. 车四平七　卒3进1　　21. 车七进一　卒3进1

22. 车九平八　卒3平4　　23. 炮五退一　士5退4

24. 车七平五　炮7平5　　25. 车八进八

红方胜势。

第二种走法：马7进8

12. …………　马7进8　　13. 车四平三　马8退9

14. 车三退三　卒5进1

黑方挺卒吃兵，准备采用弃子争先的战术与红方对抗，力争主动的走法。

15. 马六进七　…………

红方吃马接受挑战，不甘示弱的走法。

15. …………　车8进3

黑方高车卒林，针对红方七路弱马和三线进行反击，灵活有力之着。

16. 炮八进四　卒3进1　　17. 马七退五　车8进6

黑方进车胁相，贯彻预定计划。

18. 相三进一　车1平4　　19. 炮八平七　炮2进3

黑方进炮，准备补架中炮，紧凑有力之着。

20. 马八进七　炮2平5　　21. 仕六进五　车4进3

22. 炮七进一　炮5退2　　23. 炮五进四　车4平5

24. 炮七平一　炮7进3　　25. 炮一进二　…………

红方如改走炮一平三，则车8退2，黑方弃子有攻势。

25. …………　车8退9　　26. 炮一退一　车8进1

27. 炮一进一　车8平9

黑车捉死红炮，黑方易走。

第三节　黑退肋马变例

第36局　红冲中兵对黑跃马逐车（一）

1. 炮二平五　马8进7　　2. 马二进三　车9平8

3. 车一平二　马2进3　　4. 兵七进一　卒7进1

5. 车二进六　炮8平9　　6. 车二平三　炮9退1

7. 兵五进一　士4进5　　8. 兵五进一　炮9平7

9. 车三平四　卒7进1　　10. 马三进五　卒7进1

11. 马五进六　马3退4

黑方退马暂避锋芒，是近年来风行一时的走法。

12. 兵五进一　马7进8

黑方跃马逐车轰相，着法积极。

13. 车四退四　…………

红方退车仕角，放弃底相，继续保持中路攻势，简明的走法。

13. …………　炮7进8

黑方如改走车1进2，则相三进一，炮7进3，马八进七，炮2进4，仕六进五，马8退7，兵九进一，炮2平9，马六进八，车1平3，兵五平六，马4进5，兵七进一，炮9平8，车四平二，象3进1，兵七进一，红方优势。

14. 仕四进五　马8进9　　15. 车四平二　…………

红方平车邀兑，贯彻预定计划。

15. …………　车8进7　　16. 炮八平二　炮2平8

黑方右炮左移,攻守两利之着。以往曾走车1平2,马八进七,卒7进1,车九平八,卒7平8,马六进四,马9进7,兵五进一,马4进5,马四进六,将5平4,炮五平六,马5进4,马六进八,将4平5,车八进七,车2平1,炮六平五,象7进5,马八退六,将5平4,炮五进四,红方胜势。

17. 马六进八　炮8退1(图36)

黑方退炮,稳健的走法。

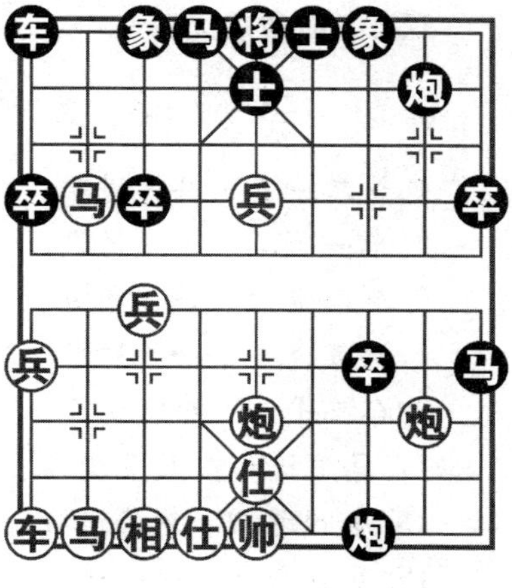

图36

如图36形势,红方有两种走法:(一)兵七进一;(二)车九进二。分述如下:

第一种走法:兵七进一

18. 兵七进一　…………

红方进七兵,嫌缓。

18. …………　卒7进1

19. 炮二退二　卒7进1

20. 车九进一　…………

红方应改走仕五进六,较为顽强。

20. …………　车1平2

21. 兵七进一　车2进3

黑方弃车砍马,实出红方所料,由此展开反击。

22. 兵七平八　马9进8

黑方进马巧妙,一锤定音。

23. 仕五进六　炮8进8　　24. 帅五进一　马8退7

黑方胜势。

第二种走法:车九进二

18. 车九进二　…………

红方车九进二,是改进后的走法。

18. …………　车1平2

黑方如改走炮7平9,则兵七进一,马9进7,炮二退一,马4进3,兵七进一,马3退1,前马退七,车1平2,兵七平八,马1进3,车九平六,马3进2,车六进一,马7进8,仕五退四,马8退6,帅五进一,炮8进5,炮二平三,炮9平7,车六进二,卒7进1,炮三进八,炮7退9,帅五平四,卒7进1,帅四进一,马2进1,车六平四,将5平4,马七退九,车2进3,车四平六,将4平5,马九进八,红方抢攻在先。

19. 车九平八　车 2 进 2　　20. 兵七进一　马 9 进 8

黑方应改走卒 7 进 1 为宜。

21. 兵七进一　炮 8 平 6　　22. 兵五平六　马 4 进 5

23. 仕五进四　马 8 退 6　　24. 帅五进一　马 6 退 5

25. 车八进二　前马退 7　　26. 车八平四

双方各有顾忌。

第 37 局　红冲中兵对黑跃马逐车(二)

1. 炮二平五　马 8 进 7　　2. 马二进三　车 9 平 8

3. 车一平二　马 2 进 3　　4. 兵七进一　卒 7 进 1

5. 车二进六　炮 8 平 9　　6. 车二平三　炮 9 退 1

7. 兵五进一　士 4 进 5　　8. 兵五进一　炮 9 平 7

9. 车三平四　卒 7 进 1　　10. 马三进五　卒 7 进 1

11. 马五进六　马 3 退 4　　12. 兵五进一　马 7 进 8

13. 车四退四　炮 7 进 8　　14. 仕四进五　马 8 进 9

15. 兵五平六　…………

红方平兵叫将，让黑方定型，改进后的走法。

15. …………　马 4 进 5(图 37)

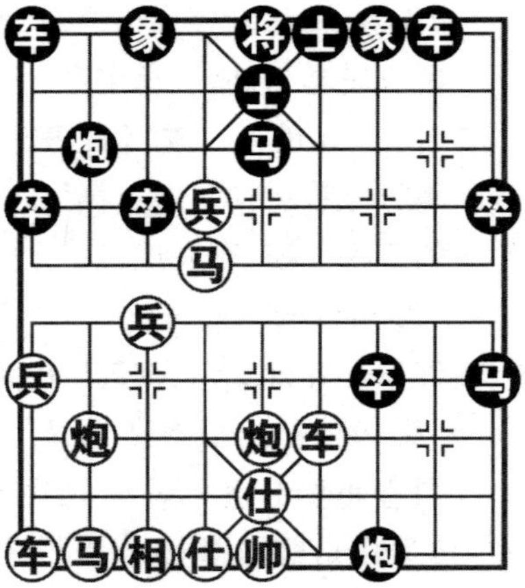

图 37

黑方马跳中路，正着。如改走象 3 进 5(如炮 2 平 5，则马六进八，车 1 进 1，马八进九，车 8 进 9，马九退八，红胜)，则车四平二，红方优势。

如图 37 形势，红方有两种走法：(一)车四平二；(二)马六进四。分述如下：

第一种走法：车四平二

16. 车四平二　车 8 进 7

17. 炮八平二　炮 2 进 4

黑方进炮兵线，反击有力之着！

18. 车九进二　炮 2 平 6

19. 炮五进二　马 9 进 8

20. 相七进五　炮 7 平 9　　21. 兵六进一　车 1 平 2

黑方应改走炮 6 进 3，红如相五退三，则炮 6 退 5，相三进五，卒 7 进 1，对攻中黑方易走。

22. 马六进四　车2进9　23. 马四进三　炮6退5

24. 兵六平五　象3进5　25. 炮二进六　炮9平4

26. 相五退七　炮4退8　27. 炮五平三　象5进7

黑方如改走士5进4，则炮三进五，将5进1，车九平五，红方有攻势。

28. 仕五退六　马8退9　29. 车九平五　…………

红方车九平五，保持变化。如改走炮二平四，则炮4平6，车九平四，马9退7，车四进六，将5平4，车四退四，车2退7，车四平三，车2平7，马三进一，卒7平6，仕六进五，卒9进1，双方大体均势。

29. …………　车2退8

黑方退车，败着！可以走马9退7吃炮，炮二进一，将5平4，车五进六，象7退5，车五平四，炮4平7，则车四进一，将4进1，车四退一，将4进1，炮二退二，炮7进1（如象5进7，则车四退四，炮7平4，车四进三杀），车四退四，将4退1，车四平六，将4平5，车六平三，车2退5，车三进三，车2平5，仕六进五，象5进7，车三进一，将5退1，车三进一，将5进1，黑方优势。

30. 炮二进一　炮4进5　31. 马三退四　马9退7

32. 马四进六　将5平4　33. 马六进八　炮6平2

34. 车五进六

红方大占优势。

第二种走法：马六进四

16. 马六进四　…………

红方马六进四，改进后的走法。

16. …………　炮7退2

黑方如改走炮2退1，则车四平二，卒7平8，车二平三，炮7平9，兵六进一，车8进3，马四进五，卒8平7，马五进三，马5进6，马三退四，炮2平6，车三平二，车8进4，炮八平二，卒7平8，炮二平四，红方优势。

17. 车四退二　炮7平2　18. 兵六进一　车1进1

19. 车九进二　…………

红方如改走车九进一，则车8进1（如后炮进4，则形成红方占势、黑方多子各有顾忌的局面），车九平六，马9进7，兵六进一，马7退5，车六进二，后炮进7，兵六平五，士6进5，车六平五，车8进6，马四进五，车1平4，马五进三，将5平4，马三退五，卒7平6，车四进三，车8进2，车四退三，前炮平4，车五平四，车

8 平 6，仕五退四，马 5 进 6，马五退四，炮 4 平 6，车四进二，车 4 进 8，帅五进一，炮 6 退 6，车四进一，双方各有顾忌。

19. ………… 前炮退 4

黑方应改走前炮退 1 为宜。

20. 马四进三 将 5 平 4 21. 炮五平六 马 5 进 4
22. 炮六退一 马 9 进 7 23. 兵六平七 马 4 退 6
24. 车九平六 车 1 平 4 25. 马三退四

红方胜势。

第 38 局 红冲中兵对黑跃马逐车（三）

1. 炮二平五 马 8 进 7 2. 马二进三 车 9 平 8
3. 车一平二 马 2 进 3 4. 兵七进一 卒 7 进 1
5. 车二进六 炮 8 平 9 6. 车二平三 炮 9 退 1
7. 兵五进一 士 4 进 5 8. 兵五进一 炮 9 平 7
9. 车三平四 卒 7 进 1 10. 马三进五 卒 7 进 1
11. 马五进六 马 3 退 4 12. 兵五进一 马 7 进 8（图 38）

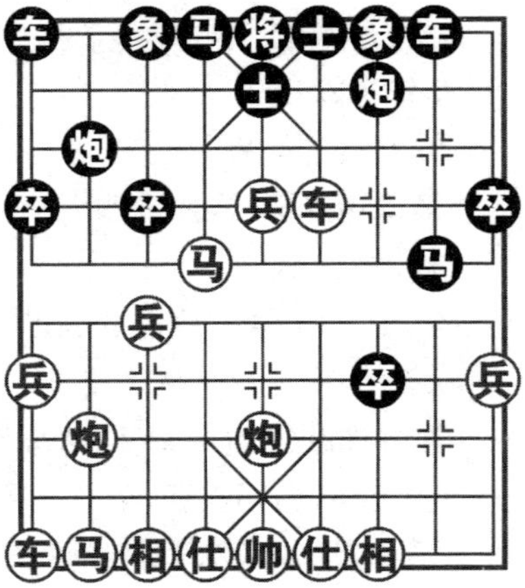

图 38

如图 38 形势，红方有两种走法：（一）车四平三；（二）兵五平六。分述如下：

第一种走法：车四平三

13. 车四平三 …………

红方平车捉炮，易遭黑方反击。

13. ………… 炮 2 平 7

14. 马六进八 …………

红方跃马弃车扑槽，使局势更趋紧张激烈，是一决雌雄的走法。

14. ………… 马 4 进 3

15. 炮五平二 …………

红方可考虑改走车九进一为宜。

15. ………… 后炮进 2 16. 前马进七 …………

红方如改走炮二进七，则前炮进 6，仕四进五，后炮退 1，黑方优势。

16. ………… 将 5 平 4 17. 炮二平六 …………

红方平肋炮叫杀，贯彻预定方案。如改走炮二进七，则车 1 进 1，黑方优势。

17. ………… 马8退6

黑方妙手退马，连消带打，着法精妙绝伦！

18. 炮六进二　车8进7　19. 相三进五　前炮平5
20. 仕六进五　马6进5　21. 炮六退三　炮5进4
22. 帅五平六　马5进3　23. 炮六进二　前马进2
24. 帅六进一　炮5退2　25. 车九进二　车1平2
26. 炮八进二　车2进5　27. 车九平二　车2平3

黑胜。

第二种走法：兵五平六

13. 兵五平六 …………

红方平兵叫将，旨在不让黑方右炮左移助攻。

13. ………… 炮2平5

黑方以往曾走马4进5，车四平三，马8退7，车三平四，车8进4，马六退四，车8平6，车四退一，马7进6，炮八进四，马6进4，兵六进一，马4进5，相七进五，士5进4，马八进七，车1进1，仕六进五，车1平6，马四进二，马5进4，炮八平一，车6进7，相三进一，马4进3，黑方大占优势。

14. 仕四进五　车1平2　15. 帅五平四 …………

红方如改走炮八平六，则车2进4，车四退一，炮7进8，兵六进一，车2平4，车四平六，马8进6，车六平四，炮7平9，帅五平四，马6进5，相七进五，炮5平6，车四平三，车8进9，帅四进一，卒7平6，车三平四，象3进5，车九进二，车8退1，帅四退一，炮6平7，黑方胜势。

15. ………… 象7进9　16. 车四进二　炮7进1
17. 马八进七　车2进6　18. 车九平八　马8进9
19. 马七进六　炮7进7　20. 炮八平六　车2进3
21. 前马进四　马4进3　22. 兵六进一　车2退8
23. 马六进四　马9进7　24. 炮六平三　卒7进1
25. 后马进二　炮5进1　26. 马四进三　炮7退8
27. 马二进三　车8进9　28. 帅四进一　车8退1
29. 帅四退一　车8进1　30. 帅四进一　将5平4
31. 炮五平六　炮5平4　32. 兵六平七　炮4平5
33. 前兵平六　炮5平4　34. 车四退二　车8退3

红方难以杀入，黑方优势。

第39局　红冲中兵对黑左车巡河

1. 炮二平五　马8进7　　2. 马二进三　车9平8
3. 车一平二　马2进3　　4. 兵七进一　卒7进1
5. 车二进六　炮8平9　　6. 车二平三　炮9退1
7. 兵五进一　士4进5　　8. 兵五进一　炮9平7
9. 车三平四　卒7进1　　10. 马三进五　卒7进1
11. 马五进六　马3退4　　12. 兵五进一　车8进4(图39)

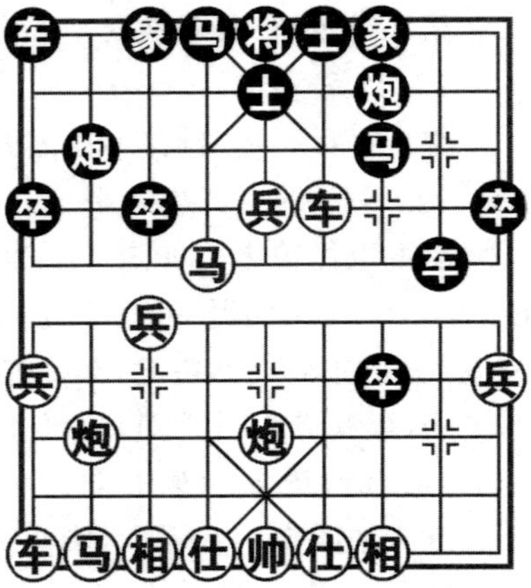

图39

如图39形势,红方有两种走法:(一)兵七进一;(二)车四进二。分述如下:

第一种走法:兵七进一

13. 兵七进一　卒3进1
14. 炮八进三　车8进4
15. 仕四进五　象7进5

应改走车8进1,黑方抢攻在先。

16. 马八进七　车1进2
17. 车九进一　车8进1
18. 车九平六　炮2进1
19. 兵五进一　车8平7
20. 车四退六　车7平6
21. 帅五平四　象3进5
22. 马六进四　炮2退2　　23. 马四进六　炮2平4
24. 炮八进四　马4进2　　25. 马六进八

红方胜势。

第二种走法:车四进二

13. 车四进二　…………

红方进车捉炮,新的尝试。

13. …………　马7进5　　14. 车四平三　车8平4
15. 车三进一　炮2平5　　16. 炮五进五　象3进5
17. 车三退六　车1平2　　18. 车九进二　马5进6
19. 炮八平二　车4平8　　20. 车三平四　马6退5
21. 车四进三　马5退3　　22. 炮二平八　卒3进1

23. 车四平七　卒3进1　　24. 车七退二　马3进4

25. 相七进五

红方稍优。

第40局　红进中马对黑退肋马

1. 炮二平五　马8进7　　2. 马二进三　车9平8

3. 车一平二　马2进3　　4. 兵七进一　卒7进1

5. 车二进六　炮8平9　　6. 车二平三　炮9退1

7. 兵五进一　士4进5　　8. 兵五进一　炮9平7

9. 车三平四　卒7进1　　10. 马三进五　卒7进1

11. 马五进六　马3退4(图40)

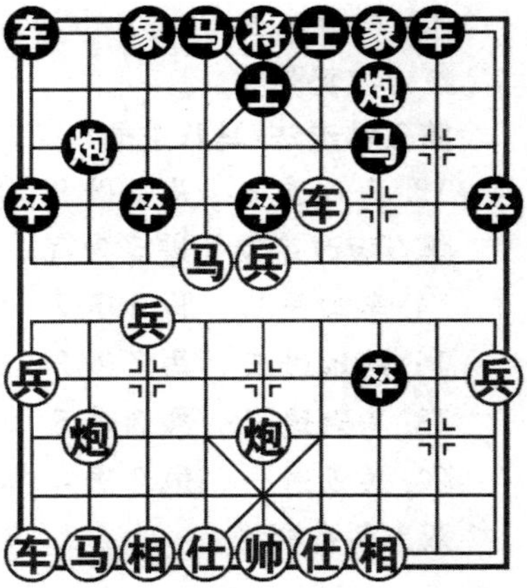

图40

如图40形势，红方有三种走法：(一)相三进一；(二)仕四进五；(三)马八进七。分述如下：

第一种走法：相三进一

12. 相三进一　卒5进1

13. 马八进七　马4进5

14. 马六进五　…………

红方如改走马六进八，则车1平2，炮八平九，马7进8，炮五进五，象7进5，车四平三，马8退7，车三平七，卒5进1，车九进一，车8进4，黑方优势。

14. …………　象3进5

15. 车九进一　炮2退1

16. 马七进六　马7进8　　17. 车四退一　卒3进1

18. 马六进七　马8进9　　19. 炮五进五　象7进5

20. 马七进五　车1平4　　21. 车九平五　车4进7

22. 马五进三　炮2平7　　23. 车五进四　车4平2

黑胜。

第二种走法：仕四进五

12. 仕四进五　卒5进1　　13. 马八进七　马4进5

14. 马七进五　马7进8　　15. 车四退四　马5进4

16. 马五进六　车 8 进 3　　17. 炮八进三　车 8 平 4
18. 炮八平五　象 7 进 5
应改走炮 2 平 5,黑方易走。
19. 帅五平四　马 8 退 6　　20. 前炮平二　马 6 进 5
21. 炮二进四　炮 7 退 1　　22. 车四进三　卒 7 平 6
23. 车九平八　车 4 平 7　　24. 车四退一　车 7 进 6
25. 帅四进一　车 7 退 1　　26. 帅四退一　车 7 进 1
27. 帅四进一　炮 2 进 6　　28. 车八进一　车 7 退 1
29. 帅四退一　车 7 进 1　　30. 帅四进一　卒 6 进 1
31. 仕五进四　车 7 退 1　　32. 帅四退一　车 7 进 1
33. 帅四进一　车 7 退 1　　34. 帅四退一　车 7 平 2
35. 车四平五
红方攻势强大。

第三种走法:马八进七

12. 马八进七　马 7 进 8　　13. 炮五进四　马 4 进 5
黑方应改走象 3 进 5 为宜。
14. 车四平三　马 8 退 7　　15. 车三平四　车 8 进 4
16. 炮八进三　马 7 进 5　　17. 相七进五　炮 7 进 3
18. 马六进五　象 3 进 5　　19. 炮八平三　车 8 平 7
20. 兵五进一　炮 2 进 4　　21. 车九平八　炮 2 平 9
双方各有顾忌。

第四节　黑平肋献卒变例

第41局　黑平肋献卒对红退车吃卒(一)

1. 炮二平五　马8进7　2. 马二进三　车9平8
3. 车一平二　马2进3　4. 兵七进一　卒7进1
5. 车二进六　炮8平9　6. 车二平三　炮9退1
7. 兵五进一　士4进5　8. 兵五进一　炮9平7
9. 车三平四　卒7进1　10. 马三进五　卒7平6

黑方卒7平6,借弃卒延缓红方攻势,是比较稳健的一种应法。

11. 车四退二　…………

红方退车吃卒,正着。

11. …………　卒5进1　12. 炮五进三　马3进5

黑方进中马保留炮2平5的反击手段,灵活的走法。

13. 车四进四　…………

红方进车捉炮,避免黑方炮2平5的反击,抢先之着。如改走炮八平三,则马7进8,车四平二,炮7进6,马五退三,炮2平7,马三退五,车1平2,马八进七,车2进4,炮五退三,象7进5,车九平八,车2平4,马七进五,车4进1,兵三进一,马5进6,后马进七,车4进1,炮五平二,马6退7,车二退一,炮7进3,相七进五,炮7平5,仕六进五,马7进6,相五进三,炮5平7,炮二进三,炮7退5,车二退一,车8进4,车二进三,马6退8,黑方优势。

13. …………　炮2退1

黑方退炮逐车,稳健的走法。如改走将5平4,则车四平三,炮2退1,车三退一,马5退7,炮八平六,象3进5,马八进七,红方先手。

14. 车四退二　象3进5

黑方如改走车8进4,则炮八平五,炮2进7(如象3进5,则马八进七,车1平4,车九平八,车4进6,车八进五,红方优势),车九进二,车1平2,车四进二,车8退3,后炮平三,炮2平7,车九平四,红方优势。

15. 炮八平三　…………

红方平炮轰马,展开攻势。

15. …………　马7进8

黑方进马捉车，先弃后取之着。

16. 车四平五　马 8 进 6(图 41)

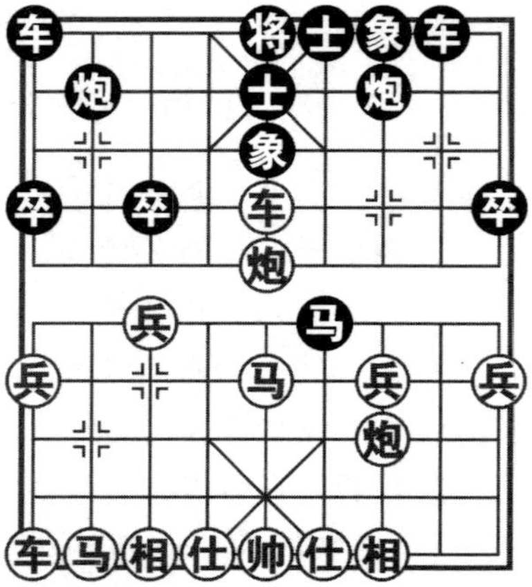

图 41

如图 41 形势，红方有三种走法：(一)炮五平四；(二)车五平六；(三)马五进四。分述如下：

第一种走法：炮五平四

17. 炮五平四　…………

红方卸炮别马，稳健的走法。

17. …………　马 6 进 7

18. 马五退三　车 8 进 4

黑方如改走炮 7 进 6，则车九进二，炮 7 平 8，车九平八，车 8 进 4，炮四平五，炮 2 平 3，车八进三，士 5 退 4，车五平二，车 8 平 5，车八平五，炮 3 平 5，车五退四，炮 5 进 7，仕四进五，炮 8 平 2，马八进七，车 1 平 3，相三进五，红方略优。

19. 车五平四　炮 7 进 6　　20. 车九进二　炮 7 平 8

21. 车九平八…………

红方车九平八，正着。如改走车九平四，则车 1 平 4，仕六进五，车 4 进 6，黑方易走。

21. …………　炮 2 进 8　　22. 车八退二　炮 8 平 6

23. 炮四平八　车 1 平 2　　24. 炮八进三　炮 6 平 3

25. 相三进五　卒 3 进 1　　26. 车四退二　卒 3 进 1

27. 车四平七　炮 3 平 4　　28. 车七平六　炮 4 平 3

和势。

第二种走法：车五平六

17. 车五平六　车 8 进 4　　18. 炮五退一　…………

红方如改走炮五平六，则车 8 平 5，黑方优势。

18. …………　车 8 平 5　　19. 炮三进六　炮 2 平 7

20. 马五进三　车 5 进 1　　21. 相七进五　炮 7 进 3

22. 马八进六　车 1 平 4

黑方兑车，抢先之着。

23. 车六进三　士 5 退 4　　24. 车九平八　车 5 平 4

25. 马六进五　车4进1

黑方稍优。

第三种走法:马五进四

17. 马五进四　…………

红方进马,是改进后的走法。

17. …………　炮7进6

黑方以炮打马,正着。另有两种走法:①马6进7,马八进七,车1平4,车九平八,马7退9,相七进五,红方优势;②马6进4,车九进一,炮7进6,车九平六,车1平4,炮五退二,车8进4,马四进六,车8平4,马六进七,后车进1,车五平七,红方多兵易走。

18. 车九进二　马6进4

黑方如改走车1平4,则炮五进二,象7进5,车五退二,红方先弃后取夺得一象占优。

19. 车九平六　马4退5　　20. 车五退一　炮7平8

21. 车五平八

红方优势。

第42局　黑平肋献卒对红退车吃卒(二)

1. 炮二平五　马8进7　　2. 马二进三　车9平8
3. 车一平二　马2进3　　4. 兵七进一　卒7进1
5. 车二进六　炮8平9　　6. 车二平三　炮9退1
7. 兵五进一　士4进5　　8. 兵五进一　炮9平7
9. 车三平四　卒7进1　　10. 马三进五　卒7平6
11. 车四退二　卒5进1　　12. 炮五进三　马3进5
13. 车四进四　炮2退1　　14. 车四退二　象3进5
15. 炮八平三　车8进4(图42)

如图42形势,红方有三种走法:(一)炮三进五;(二)炮五平六;(三)炮五进二。分述如下:

第一种走法:炮三进五

16. 炮三进五　…………

红方进炮打马,失先之着。

16. …………　车8平5　　17. 马八进七　炮2平4

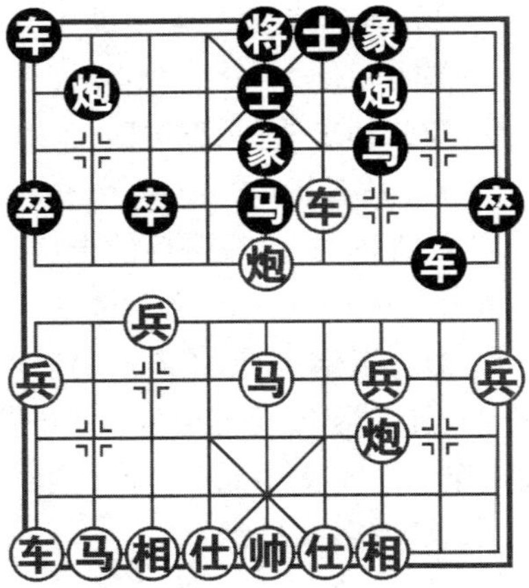
图 42

18. 相七进五　炮 4 进 2
19. 车四退一　车 5 进 1

黑方反先。

第二种走法:炮五平六

16. 炮五平六　…………

红方炮五平六,新的尝试。

16. …………　马 5 进 4
17. 相七进五　车 8 平 5
18. 马八进六　马 7 进 8

黑方应改走马 7 进 5,足可抗衡。

19. 炮六平二　车 5 平 8
20. 炮三进六　炮 2 平 7
21. 马六进四　车 1 平 2　22. 仕六进五　车 2 进 6
23. 马五进三　马 4 进 6　24. 马三进二　车 8 平 7
25. 车九平六　炮 7 进 5　26. 车四平七

红方易走。

第三种走法:炮五进二

16. 炮五进二　…………

红方炮轰中象毁去黑方九宫屏障,是取得简明优势的巧妙之着。

16. …………　象 7 进 5　17. 炮三进五　车 8 平 5

黑方如改走马 5 进 4,则马八进七,车 1 平 4,马七进六,车 4 进 5,车四平五,车 8 退 2,车九平八,将 5 平 4,相七进五,车 4 进 1,马五进四,炮 2 进 5,仕六进五,象 5 退 3,车五平七,炮 2 平 3,车七平九,红方大占优势。

18. 马八进七

红方优势。

第 43 局　黑平肋献卒对红退车吃卒(三)

1. 炮二平五　马 8 进 7　2. 马二进三　车 9 平 8
3. 车一平二　马 2 进 3　4. 兵七进一　卒 7 进 1
5. 车二进六　炮 8 平 9　6. 车二平三　炮 9 退 1
7. 兵五进一　士 4 进 5　8. 兵五进一　炮 9 平 7
9. 车三平四　卒 7 进 1　10. 马三进五　卒 7 平 6

11. 车四退二　卒5进1　　12. 炮五进三　马3进5

13. 车四进四　炮2退1　　14. 车四退二　象3进5

15. 炮八平五(图43)　…………

红方平中炮,嫌缓。

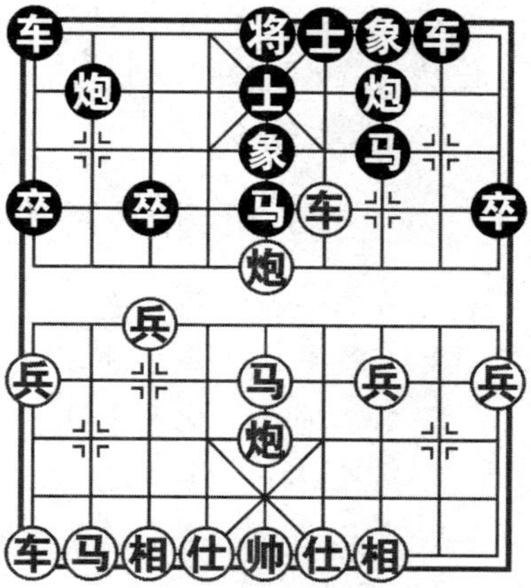

图43

如图43形势,黑方有两种走法:(一)马7进8;(二)车1平4。分述如下:

第一种走法:马7进8

15. …………　马7进8

黑方弃马抢攻,是力争主动的走法。

16. 车四平五　炮7进8

17. 仕四进五　马8进7

18. 车九进二　炮7平9

19. 后炮平二　马7进9

20. 马五进三　车8进5

黑方进车捉马,取势要着。如改走车8进6,则仕五进四,双方对攻,各有顾忌。

21. 车五平三　车1平4　　22. 车九平四　…………

红方如改走车九平八,则炮2进8,车八退二,马9进8,仕五退四,马8退6,帅五进一,马6退8,马三退二,车8进2,车八进八,车8进1,帅五进一,车8退8,黑方优势。

22. …………　车4进6　　23. 相七进五　炮2进6

24. 马八进七　炮2平5

黑方炮打中相,佳着。

25. 炮二平五　车8进4　　26. 仕五退四　车8退6

黑方胜势。

第二种走法:车1平4

15. …………　车1平4　　16. 马八进七　马7进8

黑方进马踏车,新的尝试。以往多走车4进6,车九平八,炮2进5,车四进二,车8进4,前炮进二,将5平4,后炮平六(应改走仕四进五,红方优势),车4进1,车八进三,炮7平9,仕六进五,车4退5,车八进六,将4进1,马七进八,车4平5,车四退六,双方各有顾忌。

17. 前炮平三　…………

红方平炮拦马，抢先之着。

17. ………… 马5进4　　18. 马七进六　车4进5
19. 马五进四　车4进1　　20. 车四平二　车8平9
21. 车二退一　将5平4　　22. 炮三进四　象5退7
23. 仕四进五　车9进2　　24. 车九平八

红方大占优势。

第44局　黑平肋献卒对红退车吃卒(四)

1. 炮二平五　马8进7　　2. 马二进三　车9平8
3. 车一平二　马2进3　　4. 兵七进一　卒7进1
5. 车二进六　炮8平9　　6. 车二平三　炮9退1
7. 兵五进一　士4进5　　8. 兵五进一　炮9平7
9. 车三平四　卒7进1　　10. 马三进五　卒7平6
11. 车四退二　卒5进1　　12. 炮五进三　象3进5(图44)

黑方飞象，稳健的走法。

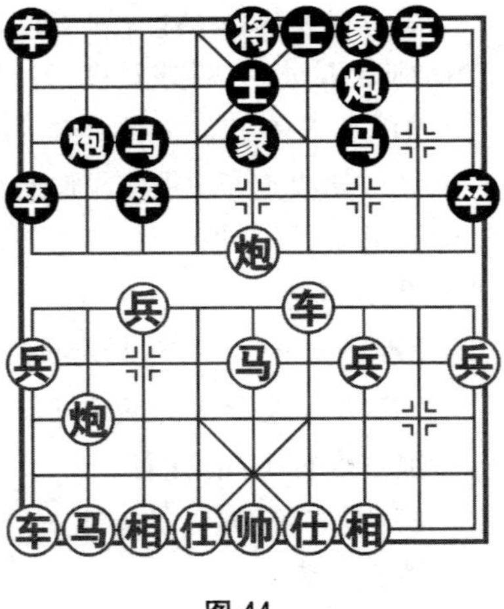

图44

如图44形势，黑方有三种走法：(一)炮八平四；(二)炮八平三；(三)炮八平五。分述如下：

第一种走法：炮八平四

13. 炮八平四　车8进4

黑方如改走马7进5，则车四平三，炮2退1，马八进七，车1平4，车九平八，车8进4，炮四进三，车8退2，仕四进五，车8平6，炮四退三，马5退7，车三平六，车6进4，车六进五，马3退4，相三进五，炮7进5，炮四平三，马7进5，车八进三，炮7平5，车八平五，车6平5，马七进五，双方均势。

14. 炮四进七　…………

红方炮打底士，争取主动的走法。如改走马五进四，则马7进5，相七进五，炮7进3，炮五进二，炮2平5，马四进五，炮7平5，仕六进五，炮5退2，黑方多子胜势。

14. …………　炮2退2　　15. 炮四退四　车8退1

16. 马五进三　…………

红方如改走炮四进二，则马3进5，炮四进一，车8进1，炮五进二，将5平6，车四退二，车1进2，炮四退二，象7进5，炮四平三，炮7平6，红方失子。

16. …………　车8平5　17. 炮五退四　炮2进5

黑方进炮打车，争先佳着。

18. 车四退二　炮2平7　19. 兵三进一　马7进6

20. 相三进五　马6进5　21. 马八进七　…………

红方如改走车四进一，则车1平2，炮五进二，车2进8，黑方优势。

21. …………　马5进3　22. 炮五进五　马3进5

23. 车四进六　炮7进1　24. 车九进二　马3退4

黑方多子占优。

第二种走法：炮八平三

13. 炮八平三　车8进4　14. 车四平五　…………

红方平车保炮，细腻。如改走炮三进五，则车8平5，马八进七，马3进5，炮三平八，车5进2，马七进五，炮7进8，仕四进五，马5进6，黑方优势。

14. …………　马7进5　15. 炮三进六　炮2进3

16. 炮五进二　…………

红方弃炮轰象，精妙！算度甚为深远。如改走兵七进一，则马5进3，车五平八，马3进4，车八退三，车8平5，红无便宜可占。

16. …………　象7进5　17. 兵七进一　马5进3

18. 车五平八　马3进4　19. 车八退三　车8平5

20. 相七进五　车5进2　21. 兵三进一　车1平4

22. 马八进六

红方优势。

第三种走法：炮八平五

13. 炮八平五　车1平4　14. 马八进七　车4进6

15. 车四平六　…………

红方兑车，抢先之着。

15. …………　车4平2　16. 车九进一　车8进4

17. 车九平四　炮2退1　18. 车四进五　…………

红方以往曾走车四进六，马3进5，车四退一，车2平3，车六退三，炮2进5，车四进二，炮2平5，马七进五，车8平5，马五进六，红方优势。

18. ………… 车2平3　　19. 仕四进五

红方易走。

第45局　黑平肋献卒对红退车吃卒(五)

1. 炮二平五　马8进7　　2. 马二进三　车9平8
3. 车一平二　马2进3　　4. 兵七进一　卒7进1
5. 车二进六　炮8平9　　6. 车二平三　炮9退1
7. 兵五进一　士4进5　　8. 兵五进一　炮9平7
9. 车三平四　卒7进1　　10. 马三进五　卒7平6
11. 车四退二(图45)…………

如图45形势,黑方有两种走法:(一)车8进8;(二)象3进5。分述如下:

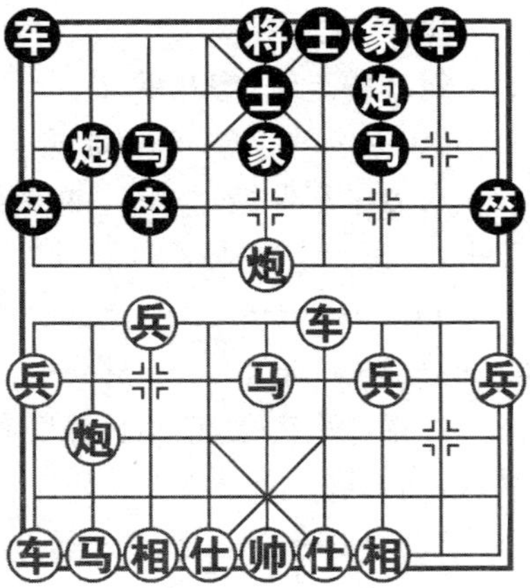

图45

第一种走法:车8进8

11. ………… 车8进8
12. 马八进七　卒5进1
13. 炮五进三　…………

红炮打卒,简明实惠的走法。如改走马五进六,则马7进8,车四平三,马8退6,黑方易走。

13. ………… 象3进5
14. 马七进六　炮2进3
15. 马五退七　炮2平4

以上几个回合,黑方通过使用进炮拴链红方车马的手段兑掉一子,是力求简化局势的走法。

16. 马七进六　车8退4　　17. 马六进七　车1平4
18. 炮八平七　车4进3　　19. 车四平五　…………

红方平车保炮,稳健的走法。如改走炮五退三,则黑有马7进5,车四平三,马5进7的反击手段。

19. ………… 炮7进5　　20. 车九平八　炮7退3
21. 马七退六　车4进1　　22. 炮七进五　车8平5

黑方平车吃炮,正确的选择。如改走炮7平5打车,则车八进九,士5退4,相七进五,车8平5,车五进一,车4平5,马六进五,马7进5,炮七平九,红占优势。

23.车五进一　车4平5　　24.相七进五　车5平4

25.马六退四　…………

红方退马，保持变化的走法。如改走炮七平三，则炮7平5，仕六进五，车4进1，和势。

25.…………　马7进5　　26.车八进九　…………

红方进车叫将，逼迫黑方兑车，简明的走法。如改走炮七平九，则将5平4，仕六进五，马5进6，红无便宜可占。

26.…………　车4退4　　27.车八平六　士5退4

28.炮七平八　炮7退2　　29.马四进五　炮7平1

30.炮八退一　炮1进5　　31.炮八平一　卒1进1

32.仕六进五

红方稍优。

第二种走法：象3进5

11.…………　象3进5

黑方飞象，巩固阵势。

12.马五进六　…………

红方如改走兵五平六，则车8进8，仕四进五（如马八进七，则马7进8，车四平三，炮7进3，黑方易走），马7进8，车四退四，炮2平1，马八进七，车1平2，黑方满意。

12.…………　车1平3　　13.兵五进一　马7进5

14.车四平三　炮7进1　　15.马八进七　卒3进1

16.马六进四　炮7平6　　17.车三平五　炮2进1

18.炮五进四　炮2平6　　19.兵七进一　车8进4

20.马七进五　车8平3　　21.炮八平七　后车平2

22.炮七进五　后炮平3　　23.相七进五　炮6进3

24.兵三进一　车2进3

双方均势。

第46局　黑平肋献卒对红退车吃卒（六）

1.炮二平五　马8进7　　2.马二进三　车9平8

3.车一平二　马2进3　　4.兵七进一　卒7进1

5. 车二进六　炮8平9　　6. 车二平三　炮9退1
7. 兵五进一　士4进5　　8. 兵五进一　炮9平7
9. 车三平四　卒7进1　　10. 马三进五　卒7平6(图46)

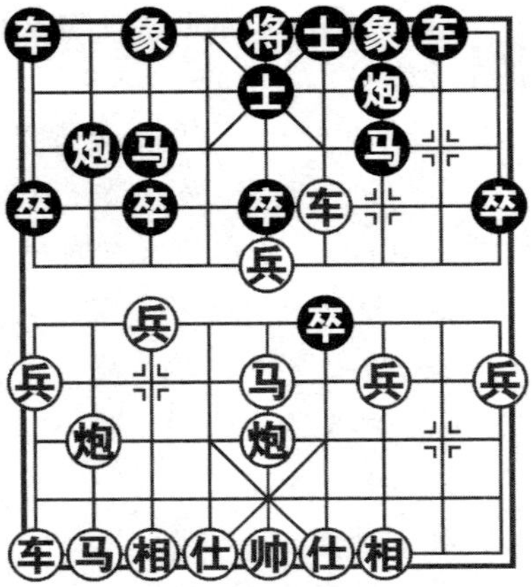

图 46

如图46形势,红方有两种走法:(一)马五进六;(二)相三进一。分述如下:

第一种走法:马五进六

11. 马五进六　…………

红方进马,嫌急。

11. …………　马7进8
12. 车四平三　马8退9
13. 车三平四　…………

红方如误走车三退一,象3进5,车三进二,马3退4,打死红车。

13. …………　炮7进8
14. 仕四进五　车8进9

黑有攻势。

第二种走法:相三进一

11. 相三进一　…………

红方飞边相,嫌缓。

11. …………　卒6平5　　12. 马五进三　炮7进4
13. 相一进三　…………

红方应改走兵三进一较好。

13. …………　马7进8　　14. 车四退三　后卒进1
15. 炮五进三　象3进5　　16. 炮八平五　炮2进6
17. 仕六进五　车1平2　　18. 车九进二　车2进4
19. 车九平六　卒5平6　　20. 车四平五　马8退6
21. 前炮进一　车8进4　　22. 车六进五　车2退2
23. 车五平六　炮2退5　　24. 前车平七　车2平3
25. 前炮平八　车3平4　　26. 车六进四　马6退4
27. 炮八平一　马4进5

黑方大占优势。

第五节　黑车急进下二路变例

第47局　黑进车下二路对红冲中兵

1. 炮二平五　马8进7　　2. 马二进三　车9平8
3. 车一平二　马2进3　　4. 兵七进一　卒7进1
5. 车二进六　炮8平9　　6. 车二平三　炮9退1
7. 兵五进一　士4进5　　8. 兵五进一　炮9平7
9. 车三平四　卒7进1　　10. 马三进五　车8进8

黑方进车下二路，试探红方如何应手。

11. 兵五进一(图47)　…………

红方续进中兵，寻求对攻的走法。如改走马五进六，则车8平2，车九进二，卒5进1，马六进七，车1进2，炮八平六，炮2进7，车四平七，象3进5，炮六进四，车2退6，马七退五，炮2退3，马五进三，炮2平3，炮六进一，炮3退3，炮六平九，车2平1，黑方优势。

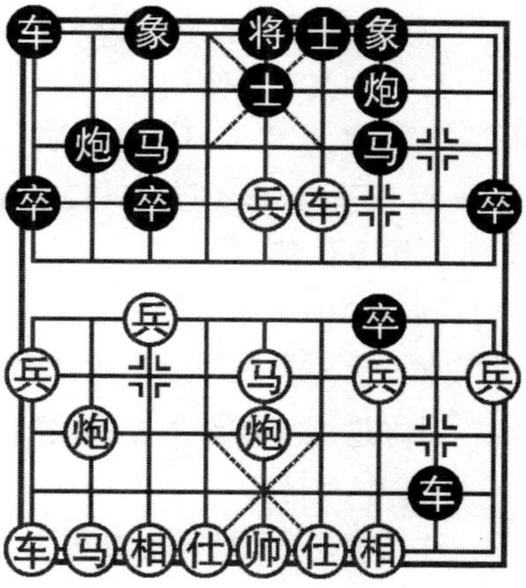

图47

如图47形势，黑方有两种走法：(一)卒7进1；(二)卒7平6。分述如下：

第一种走法：卒7进1

11. …………　卒7进1

黑方冲7卒，准备续走卒7平6捉马攻相。如改走车8平2，则兵五平六，象3进5(如车2退1，则马五退七)，车四进二，红占主动。

12. 兵五平六　象3进5　　13. 马八进七　卒7平6

黑方弃卒攻相，是这一变例中的常用战术手段。至此，黑方也别无其他反击手段。

14. 车四退三　炮7进8　　15. 仕四进五　炮7平9

黑方如改走车8进1，则车九进一，红占主动。

16. 帅五平四　车8进1　　17. 帅四进一　车8退5
18. 马八进六　车1平4　　19. 马五进四

对攻中红占主动。

第二种走法:卒7平6

11.………… 卒7平6

黑方卒7平6献卒,改进后的走法。

12.兵五平六 …………

红方如改走马八进七,则马7进5,车四平三,炮2退1,炮八进四,卒6平5,炮八平五,马3进5,炮五进二,象3进5,马五进三,炮7进4,兵三进一,炮2进2,车九平八,马5进3,车八进六,马3进5,仕四进五,车1平4,相七进五,车4进6,车三平五,马5进7,车五退三,车4平5,马七进五,双方均势。

12.………… 马7进8 13.车四平三 马8退9

黑方退边马捉车,可以擒得红方底相,为反击创造了有利条件。

14.车三平四 …………

红方如改走马五进四,则象3进5,车三平二,车8退5,马四进二,炮2进4,马二进四,炮7平6,炮五平三,卒6平7,兵三进一,炮2平7,马四退二,车1平4,相三进五,车4进3,马二退四,车4进3,马四进五,马3进5,马五退七,马5进6,黑方优势。

14.………… 象3进5 15.仕四进五 炮7进8

16.马八进七 炮2进1

黑方进炮拴链红方车兵,预作防范,老练的走法。

17.车九进一 …………

红高横车,加速开动左翼主力。

17.………… 炮7平9 18.帅五平四 卒9进1

黑方挺边卒,准备扑出左马助战,形势愈趋有利。

19.车四退二 马9进8 20.车四进四 炮2平4

21.车九平六 炮4平6 22.车六进五 …………

红方挥车过河,希望一车换二减轻压力。

红方另有两种走法:①车六进七,马3进5,炮五进四,马8进7,马五退三,马7进9,马三退一,马9退7,黑胜;②马五进六,马8进6,车四退二,马6进7,也是黑胜。

22.………… 炮6进5

黑方升炮,以后随时伏有炮6平7夹车炮的杀法,巧妙之着。

23.马五退三 …………

红方如改走炮八进五，则马3进5，炮五进四，马8进7，马五退三，马7进9，马三退一，马9退7，帅四平五，炮6进1，帅五平四，车8进1，黑方速胜。

23. ………… 车1平2　24. 车六平七 马8退7

黑方退马，攻不忘守。

25. 兵三进一 炮6平7　26. 帅四进一 炮7进1

27. 帅四进一 炮9退2　28. 马三进二 车8退1

29. 帅四退一 车8退2

黑胜。

第48局 黑进车下二路对红进正马

1. 炮二平五 马8进7　2. 马二进三 车9平8

3. 车一平二 马2进3　4. 兵七进一 卒7进1

5. 车二进六 炮8平9　6. 车二平三 炮9退1

7. 兵五进一 士4进5　8. 兵五进一 炮9平7

9. 车三平四 卒7进1　10. 马三进五 车8进8

11. 马八进七 卒7平6(图48)

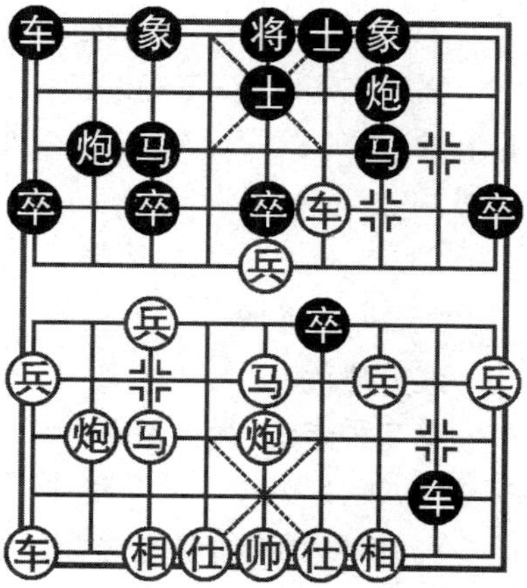

图48

黑方献卒，是进车后的续进手段。如改走马7进8，则车四平三，马8进6，车三进二，马6进4，炮五平六，炮2进4，仕六进五，炮2平5，相七进五，车1平2，车九平八，车8退8，兵五平六，卒7平6，炮八进五，炮5退1，车八进三，马4退2，兵七进一，卒3进1，车八进一，卒3进1，车八平七，车2进2，车三平四，红方优势。

如图48形势，红方有两种走法：(一)车四退二；(二)兵五平四。分述如下：

第一种走法：车四退二

12. 车四退二 卒5进1

13. 炮五进三 …………

红炮打卒，简明实惠的走法。如改走马五进六，则马7进8，车四平三，马8退6，黑方易走。

13. ………… 象3进5　14. 马七进六 …………

红方如改走相七进五，则车8退4，车四平五，车1平4，炮八平九，炮2进4，车九平八，炮2平7，车八进七，马7进5，马五进三，车8平7，炮九进四，后炮进4，车五平三，车7平5，车三退一，车5平1，和势。

14. ………… 炮2进3　15. 马五退七　炮2平4

以上几个回合，黑方通过使用进炮拴链红方车马的手段兑掉一子，是力求简化局势的走法。

16. 马七进六　车8退4

黑方应改走车1平2，红如接走炮八平三，则车2进4，车四平五，马7进8，炮三进六，马8进7，车五退三，车8平5，仕六进五，车2平5，马六进七，车5平2，相七进五，马3进5，车九平六，马5进6，相五进三，马7退5，相三进五，车2退1，黑可抗衡。

17. 马六进七　车1平4　18. 炮八平七　车4进3

19. 车四平五　…………

红方平车保炮，稳健的走法。如改走炮五退三，则黑有马7进5，车四平三，马5进7的反击手段。

19. ………… 炮7进5　20. 车九平八　炮7退3

21. 马七退六　车4进1　22. 炮七进五　车8平5

黑方平车吃炮，正确的选择。如改走炮7平5打车，则车八进九，士5退4，相七进五，车8平5，车五进一，车4平5，马六进五，马7进5，炮七平九，红方优势。

23. 车五进一　车4平5　24. 相七进五　车5平4

25. 马六退四

红方略优。

第二种走法：兵五平四

12. 兵五平四　马7进8　13. 兵四平三　…………

红方平兵捉马，必走之着。如误走车四平三，则马8退9，红方难应。

13. ………… 马8进7　14. 车四平三　…………

红方平车捉炮，保持变化的走法。如改走车四退二吃卒，则较为稳健。

14. ………… 卒6平5

黑方平卒，好棋！如改走炮2退1，则马五进六，红方易走。

15. 车三进二　前卒进1　16. 马七进五　象3进5

17. 仕六进五　…………

红方补仕嫌缓，应改走马五进六、车1平3、炮八平七为宜。

17. …………　车1平4　18. 炮八平九　炮2退1

黑方退炮驱车，着法细腻有力。

19. 车三退二　车4进6　20. 马五进三　车8平7

黑方平车捉相，紧凑有力之着。

21. 车九平八　炮2平4　22. 车三平四　炮4进4

23. 车八进七　马7退5

黑方退马巧妙，一锤定音。

24. 马三退四　车4进3

黑胜。

第49局　黑进车下二路对红退中炮

1. 炮二平五　马8进7　2. 马二进三　车9平8

3. 车一平二　马2进3　4. 兵七进一　卒7进1

5. 车二进六　炮8平9　6. 车二平三　炮9退1

7. 兵五进一　士4进5　8. 兵五进一　炮9平7

9. 车三平四　卒7进1　10. 马三进五　车8进8

11. 炮五退一　…………

红方退炮，改进后的走法。

11. …………　卒7平6

黑方弃卒，企图使局势趋向缓和，简明的走法。

12. 车四退二　卒5进1(图49)

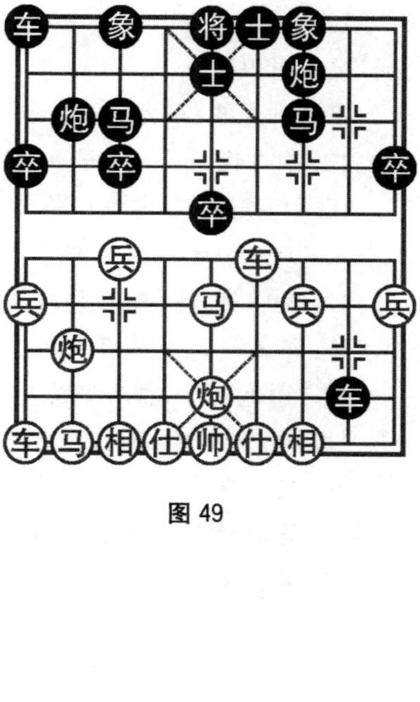

图49

如图49形势，红方有两种走法：(一)炮八平五；(二)车九进一。分述如下：

第一种走法：炮八平五

13. 炮八平五　…………

红方再架中炮，威胁黑方中路，力争主动的走法。

13. …………　象3进5

14. 前炮进三　车1平4

15. 马八进七　炮2退1

黑方退炮，伺机进行反击，以逸待劳的走法。

16. 车九平八　马 7 进 8　　17. 车四平三　车 4 进 3

黑方升车卒林，比较稳健的走法。

18. 车八进七　…………

红方进车捉马，新的尝试。以往红方曾走马五进四，车 4 平 6，马七进六，马 8 进 9，车三进三，车 8 平 6，车八进二，前车退 4，马六进四，车 6 进 1，前炮退一，车 6 进 1，前炮进一，车 6 退 1，车八平五，马 9 进 8，后炮平三，车 6 进 4，车五退一，车 6 退 2，炮五退三，车 6 平 4，车五平八，马 3 进 5，车三退三，马 8 退 7，炮五平三，马 5 进 7，车三平四，后马退 5，车四进二，炮 7 进 6，炮三进二，车 4 平 7，车四平五，炮 2 平 4，车五平七，车 7 平 1，双方大体均势。

18. …………　马 8 进 9　　19. 车三进三　马 3 进 5

20. 车三退一　马 9 退 8

黑方退马嫌软，应改走车 8 退 5 为宜。

21. 后炮平六　…………

红方应改走马五进四，黑如接走马 8 进 6，则前炮平八，马 6 进 4，马七进五，马 4 进 3，马五退六，车 4 进 5，炮五平七，车 4 平 3，炮八进三，红方优势。

21. …………　马 8 退 7　　22. 车三平四　车 4 进 3

23. 马七退五　…………

红方退马谋车，简化局势的走法。

23. …………　车 4 平 5　　24. 炮六平二　车 5 退 2

黑方可以抗衡。

第二种走法：车九进一

13. 车九进一　…………

红高左横车，暗伏炮五进五打将抽车的手段，着法积极。

13. …………　象 3 进 5　　14. 炮八平三　马 7 进 8

15. 车四平三　炮 2 退 1　　16. 马五进四　马 8 进 9

17. 车三进二　车 1 平 4　　18. 炮三退一　…………

红方退炮打车，着法老练。

18. …………　车 8 退 6　　19. 车九平六　车 4 进 8

20. 炮三平六　马 9 进 7　　21. 炮五平三　车 8 进 2

22. 马四进二　炮 7 平 8　　23. 相三进五　炮 8 进 1

24. 车三平七　卒 5 进 1　　25. 马八进七　炮 2 平 3

26. 车七平八　马3进4　　27. 车八平七　马4退3
28. 车七平八　马3进4
双方均势。

第六节　红挺兵吃卒变例

第50局　红挺兵吃卒对黑飞右象(一)

1. 炮二平五　马8进7　　2. 马二进三　车9平8
3. 车一平二　马2进3　　4. 兵七进一　卒7进1
5. 车二进六　炮8平9　　6. 车二平三　炮9退1
7. 兵五进一　士4进5　　8. 兵五进一　炮9平7
9. 车三平四　卒7进1　　10. 兵三进一　…………

红方挺三兵吃卒，谋取实惠的走法。

10. …………　象3进5

黑方飞象固防，着法稳健。

11. 兵五平四　…………

红方平兵，保存实力。如改走马八进七，则马7进8，兵三进一，炮7进6，黑方得子。

11. …………　车8进6

黑方进车兵线，控制红方盘头马攻势，正着。黑方另有两种走法：①卒3进1，兵七进一，象5进3，兵四平三，车8进6，车四进二，炮7平8，马八进七，象3退5，马七进五，车1平4，兵三进一，红方先手；②车1平4，兵四平三，车4进7，炮八平七，车8进6，仕四进五，车4退2，马八进九，车8平2，相三进一，炮2进1，前兵进一，马7退9，车四进二，炮2退2，炮五进五，将5平4，车四退四，车4平6，马三进四，象7进5，马四进六，马3退2，马六进五，车2退4，炮七平五，红方弃子有攻势。

12. 兵四平三　…………

红方连续平兵，既可掩护右翼，又伏冲兵手段，常见的走法。如改走马八进七，则马7进6，车四退一，炮7进6，车四退三，炮7平5，炮八平五，车8平3，车九进二，炮2进2，黑呈反先之势。

12. …………　卒3进1

黑方兑3卒活通右马，灵活有力的应着。

13. 兵七进一　车8平3

黑方平车捉兵，稳健的走法。如改走象5进3，则车四进二，炮2退1，车四退一，象3退5，车四平三，马3进4，相七进九，车1平3，马八进六，车3进7，仕六进五，车3进1，车九平六，炮2平4，车三退一，车8平2，炮八平六，红方易走。

14. 炮八平七　…………

红方炮平七路，牵制黑方3路线。

14. …………　炮2进1(图50)

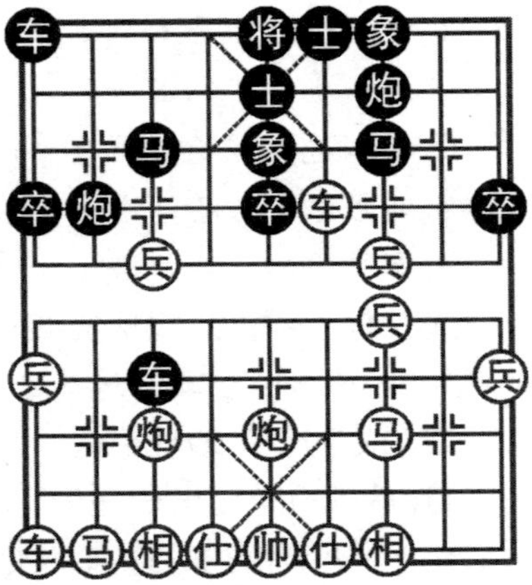

图50

黑方高炮打车，防止红方兵三进一威胁黑马，是这一布局中常见的战术手段。黑方另有三种走法：①车1平4，车四进二，车4进8，车四平三，车4平2，车九进二，炮2进7，炮五平四，车3退2，仕四进五，马3进4，相三进五，车3进2，车九退二，马4进2，炮七平六，双方各有顾忌；②车3退2，炮七进五，车3退2，马八进九，炮2进1，车四退二，象5进7，车九平八，炮2平4，兵三进一，炮7进3，黑方满意；③象5进3，车四进二，炮2退1，车四退一，象3退5，车四平三，马3进2，炮五平四，马2进4，相七进五，车3平7，仕六进五，车1平3，马三退二，炮7平9，炮七进二，车7平4，马二进三，卒5进1，马三进四，卒5进1，炮七平五，车4平5，炮四进七，将5平6，炮五进四，车5平6，炮五平二，红方优势。

如图50形势，红方有两种走法：(一)车四退二；(二)车四进二。分述如下：

第一种走法：车四退二

15. 车四退二　车3退2　　16. 炮七进五　车3退2

17. 马八进九　…………

红方如改走车九进二，则象5进7，车九平八，炮2平4，马三进五，象7退5，炮五平三，车3进4，炮三进五，车3平5，车八平五，车5退2，车五进三，卒5进1，相七进五，炮4退1，炮三平六，士5进4，车四进四，炮7进1，和势。

17. …………　炮2退2

黑方退炮预作防范，并伏有炮2平3攻相反击的手段。如改走象5进7，则车九平八，炮2平4，兵三进一，炮7进3，马三进五，炮7平5，仕四进五，红方稍占优势。

18. 车九平八　炮2平3　　19. 仕六进五　…………

红方如改走车四进二，则车1平4，前兵进一，炮3进8，仕六进五，炮3退6，车四退四，炮7进2，黑方易走。

19. …………　象5进7　　20. 兵三进一　炮7进3

21. 车四平三　…………

黑方以牺牲一象的代价换掉红方双兵，并不吃亏。红方此时如改走马三进五，则车1平4，兵九进一，炮7平5，黑方也可对抗。

21. …………　炮7平5　　22. 马三进五　车1平4

23. 炮五进三　…………

红方如改走炮五平三，则马7退9，相七进五，车4进6，马五进四，象7进5，红方也无便宜可占。

23. …………　卒5进1　　24. 车三进二　卒5进1

25. 马五进三　卒5平6　　26. 马三进二　马7退9

27. 马二进一　…………

红方以马兑马，低估了黑方双车炮卒的潜在威力。不如改走马二进三，炮3平7，车三进二，马9进7，相三进五，较易保持局势的平衡。

27. …………　炮3平9　　28. 兵九进一　车4进8

黑方进车塞住红方相眼，为以后双炮卒反击创造有利条件，紧凑有力之着。

29. 车三平五　象7进5

黑方易走。

第二种走法：车四进二

15. 车四进二　炮2退2　　16. 车四退二　车3退2

黑方如改走车1平4，则车九进二，车4进8，车九平八，炮2进8，车八退二，车3进1，车四进二，马7进8，仕四进五，马8进7，炮五进五，将5平4，马三进五，车4退2，炮五平三，炮7平9，车四平一，车3平8，马五进六，红方大占优势。

17. 炮七进五　车3退2　　18. 马八进九　车1平3

黑方如改走炮2平3，则车九平八，红方稍优。

19. 车九平八　前车进7　　20. 车八进三　后车平4

21. 仕四进五　炮2平3　　22. 前兵进一　车3退5

23. 仕五退四　车3进5　　24. 仕四进五　车3退5

双方各有顾忌。

第51局　红挺兵吃卒对黑飞右象(二)

1. 炮二平五　马8进7　　2. 马二进三　车9平8
3. 车一平二　马2进3　　4. 兵七进一　卒7进1
5. 车二进六　炮8平9　　6. 车二平三　炮9退1
7. 兵五进一　士4进5
8. 兵五进一　炮9平7
9. 车三平四　卒7进1
10. 兵三进一　象3进5
11. 兵五平四　车8进6
12. 兵四平三　卒3进1
13. 兵七进一　车8平3
14. 炮八平六(图51)　…………

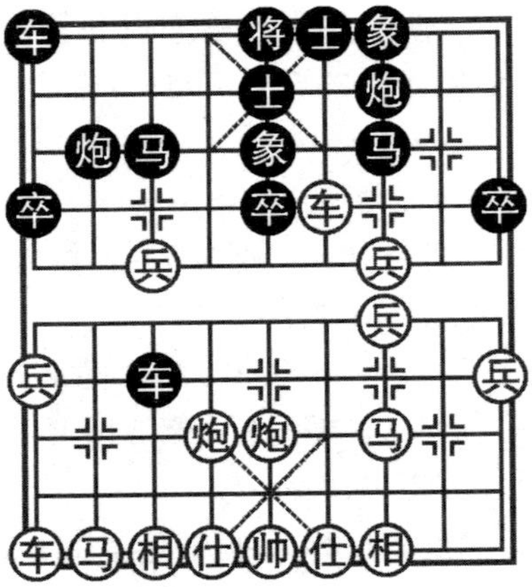

图51

红方平仕角炮，下伏车四进二捉炮的手段。如图51形势，黑方有两种走法：(一)车3退2；(二)炮2退1。分述如下：

第一种走法：车3退2

14. …………　车3退2

黑方退车吃兵，嫌缓。

15. 车四进二　车1平4

黑出肋车嫌软，应改走炮2退1为宜。

16. 车九进二　车4进2

黑方应改走炮7平9，红如兵三进一，则车4进2，前兵进一，炮2退1，车四退六，马3进2，马八进七，马2进3，车九平八，马3退5，炮五进一，车3进2，炮六平五，马5退3，黑方虽少一子，但尚可一战。

17. 车四平三　车3进5

黑方应改走马3进2，红如仕四进五，则炮2平3(如炮2进7，则车九平八，炮2平1，车三退一，红方优势)，马八进七，车3平7，马七退九，车7进1，要比实战走法好。

18. 仕四进五　车3平2　　19. 车三退一　车4进4

20. 车九平七 马3进2 21. 炮五进五 …………

红方一炮换双象，摧毁了黑方中防，简明有力的走法。

21. ………… 象7进5 22. 车三平五 车4平3
23. 车七进一 马2进3 24. 车五平七 车2退3
25. 马三进四 …………

红方跃马助攻，并为肋炮腾路，紧凑的走法。

25. ………… 马3退5 26. 炮六平二 车2平8
27. 车七平八 车8进1 28. 车八进二 士5退4
29. 车八退三

红方大占优势。

第二种走法：炮2退1

14. ………… 炮2退1

黑方先退炮，预作防范，改进后的走法。

15. 车九进二 车3退2 16. 车九平七 车3进3
17. 马八进七 马3进4 18. 车四退三 车1平3
19. 车四平六 …………

红方如改走马七进六，则车3进5，也是黑方易走。

19. ………… 马4进3 20. 炮五平四 象5进7
21. 兵三进一 炮7进3

黑方果断以一象兑掉红方两个过河兵，并使7路炮发挥了威力，走得十分简明有力。

22. 仕四进五 马7进6 23. 马七退九 …………

红方退马，防止黑方炮2进5打死车的手段，必然之着。

23. ………… 炮2平1 24. 炮六平七 炮1进5
25. 炮七进七 炮1平4 26. 马三进四 炮4平5
27. 相三进五 马6进4

黑方虽少一象，但多卒且子力位置较好，占据主动。

第52局 红挺兵吃卒对黑飞右象(三)

1. 炮二平五 马8进7 2. 马二进三 车9平8
3. 车一平二 马2进3 4. 兵七进一 卒7进1
5. 车二进六 炮8平9 6. 车二平三 炮9退1

7. 兵五进一　士 4 进 5　　8. 兵五进一　炮 9 平 7

9. 车三平四　卒 7 进 1　　10. 兵三进一　象 3 进 5

11. 兵五平四　车 8 进 6　　12. 兵四平三　卒 3 进 1

13. 兵七进一　车 8 平 3　　14. 前兵进一(图 52)　…………

红方进兵捉马,是改进后的走法。

如图 52 形势,黑方有两种走法:(一)车 3 进 3;(二)马 7 退 9。分述如下:

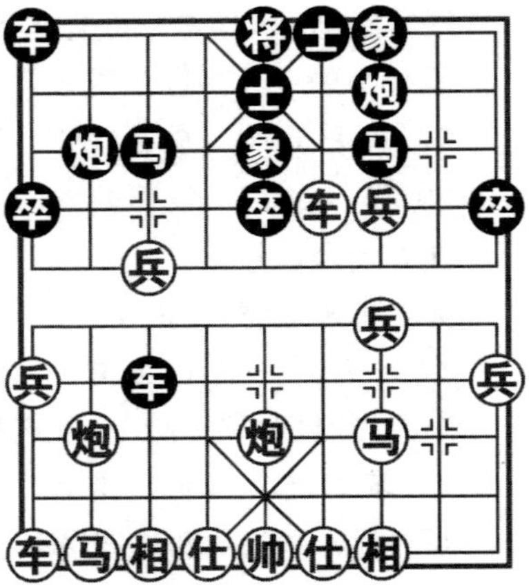

图 52

第一种走法:车 3 进 3

14. …………　车 3 进 3

黑方可考虑改走车 3 退 2,前兵进一,马 3 进 4,车四平五,炮 2 平 7,弃子反击。

15. 炮八平七　车 1 平 4

16. 仕四进五　马 3 进 2

17. 兵七平八　炮 2 进 7

18. 炮七平六　车 4 进 6

19. 炮五进一　…………

红方应改走炮五进五,象 7 进 5,相三进五,红方优势。

19. …………　卒 5 进 1　　20. 车四进二　炮 7 进 2

21. 相三进五　车 4 平 1　　22. 相五退七　车 1 进 3

23. 炮五进四　士 5 进 4　　24. 马三进四　炮 7 平 3

25. 车四平七　车 1 退 4　　26. 车七进一　将 5 进 1

27. 车七退一　将 5 退 1　　28. 车七进一　将 5 进 1

29. 马四进五　马 7 进 5　　30. 车七退三　马 5 退 7

31. 炮五退一　车 1 平 7　　32. 炮五平九

红方优势。

第二种走法:马 7 退 9

14. …………　马 7 退 9　　15. 炮八平六　车 3 进 3

黑方如改走车 1 平 4,则仕四进五,车 3 退 2,马八进七,炮 2 退 1,马三进四,卒 5 进 1,炮五平三,卒 5 进 1,马四进五,车 4 进 3,马七进六,马 3 进 4,马六退八,车 3 平 2,炮六进四,马 4 退 6,炮三平八,车 2 进 2,炮八进六,车 2 退 5,炮六平四,炮 7 进 4,相七进五,炮 7 平 8,车九平七,士 5 进 4,车七进三,炮 8 进 4,

相三进一，车2进3，相一进三，红方优势。

16. 炮六平七　马3进2　　17. 兵七平八　车1平4

18. 仕四进五　车3平2

黑方如改走炮2进7，则炮七平六，车4进6，炮五进一，黑方以下有两种走法：①车4平1，相三进五，车3平4，帅五平六，车1进3，车四平五，红方优势；②车4平2，车四进二，车3退6(如炮7进4，相三进五，红方优势)，车九平八，车2进3，车四平三，卒5进1，车三平一，红方多子大占优势。

19. 车九进二　炮2退1　　20. 车四平五　车2退5

21. 炮五进一　…………

红方炮五进一，可补起中相构成稳正棋形，由此确定优势局面。

21. …………　炮7进4　　22. 相三进五　…………

红方飞相，着法简明。

22. …………　炮7进1　　23. 车五平四　车4进4

24. 炮七平六　…………

红方也可以改走炮七进七，炮2退1，炮七退一，炮2进1，车九平七，红方优势。

24. …………　车4平7　　25. 车九平七　车2平5

26. 车七平八　炮2进3　　27. 车四平九　炮2平4

黑方如改走炮2进2，则车九进三，士5退4，相五退七，红方下一步炮六平五，黑方难以应付。

28. 车八进七　炮4退4　　29. 车九平六　炮4平3

30. 炮六进三　…………

红方进炮轰车，致命一击。

30. …………　炮7退3　　31. 炮六平三　炮7进4

32. 车六进二

红胜。

第53局　红挺兵吃卒对黑飞右象(四)

1. 炮二平五　马8进7　　2. 马二进三　车9平8

3. 车一平二　马2进3　　4. 兵七进一　卒7进1

5. 车二进六　炮8平9　　6. 车二平三　炮9退1

7. 兵五进一　士4进5　　8. 兵五进一　炮9平7

9. 车三平四　卒7进1　　10. 兵三进一　象3进5

11. 兵五平四　车8进6　　12. 兵四平三　马7退9

黑方回马，闪露7路炮，灵活的走法。如改走车8平7，则前兵进一，马7退9，相三进一，卒3进1，兵七进一，象5进3，仕四进五，车1平4，炮八平六，马3进4，炮六进七，马4退6，马八进七，将5平4，车九平八，炮2平5，车八进九，将4进1，马七进六，士5退4，前兵平四，车7进1，兵四进一，炮5进5，相七进五，红方优势。

13. 马八进七　…………

红方如改走前兵进一，则炮7进4，相三进一（如马三进四，则车8平7，相三进一，炮7平3，黑方反夺主动），炮7平5，仕四进五，车8平7，黑方易走。

13. …………　马9进8（图53）

如图53形势，红方有两种走法：（一）马七进五；（二）炮八进二。分述如下：

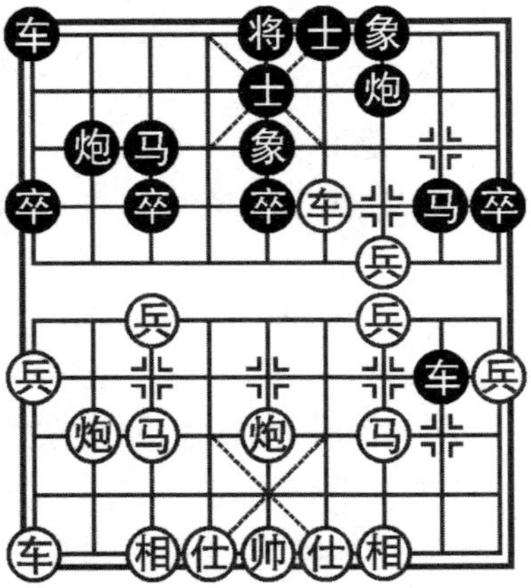

图53

第一种走法：马七进五

14. 马七进五　…………

红方进中马护兵，似不如改走炮八进二，较为含蓄多变。

14. …………　马8进7

15. 车四退二　…………

红方退车逼马，新的尝试。如改走炮八进一，则马7进6，车四退四，车8平5，车四进七，士5退6，马三进五，车1平4，炮八退一，车4进6，马五进四，炮7进8，仕四进五，炮2进2，炮八平七，炮2平7，黑方优势。

15. …………　炮2进3

黑方进炮打车，取势佳着。

16. 兵七进一　卒3进1　　17. 兵三平四　…………

红方平兵，必走之着。如改走车四平八，则马7进5，车八退一，马3进4，黑方易走。

17. …………　卒3进1

黑方献卒打车，是扩大优势的好棋。

18. 车四平七　马7进5　　19. 马三进五　炮2进1

20. 马五退七　车8平7　　21. 相三进一　马3进4

黑方优势。

第二种走法:炮八进二

14. 炮八进二　…………

红方进炮巡河护兵,正确的选择。

14. …………　卒3进1

黑方挺卒拆红方炮架,针锋相对之着。如改走马8进7,则炮八平三,炮7进4,马三进五,车8平7,相三进一,炮7平8,车四平二,炮8进1,马五进六,红方优势。

15. 兵七进一　车8平3　　16. 兵七进一　…………

红方弃兵引离黑车,抢先之着。如改走马七进五,则马8进7,马五进三,炮7进4,黑方易走。

16. …………　车3退3　　17. 马七进五　马8退6

黑方退马无奈,如改走马8进7,则车四退二捉死黑马。

18. 车四平三　炮2退1　　19. 前兵平四

红方优势。

第54局　红挺兵吃卒对黑飞右象(五)

1. 炮二平五　马8进7　　2. 马二进三　车9平8
3. 车一平二　马2进3　　4. 兵七进一　卒7进1
5. 车二进六　炮8平9　　6. 车二平三　炮9退1
7. 兵五进一　士4进5　　8. 兵五进一　炮9平7
9. 车三平四　卒7进1　　10. 兵三进一　象3进5
11. 兵五平六　…………

红方兵五平六,新的尝试。

11. …………　车8进6　　12. 相三进一(图54)　…………

红方飞边相,避开黑炮威胁。如改走兵六进一(如马八进七,则马7进8,车四退四,车1平4,黑方反先),则车1平4,兵六平七,炮7平4,相三进一,马7进8,黑有攻势。

如图54形势,黑方有两种走法:(一)车1平4;(二)炮2退1。分述如下:

第一种走法:车1平4

12. …………　车1平4　　13. 马三进四　卒3进1

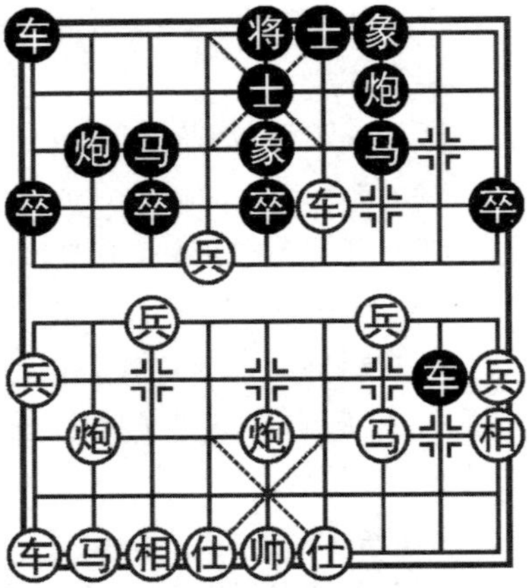

图 54

黑方挺卒活马，必走之着。

14. 兵七进一　象 5 进 3
15. 车四进二　炮 7 进 4
16. 炮八平六　车 4 平 2
17. 炮六进二　炮 2 进 3
18. 炮六平三　炮 2 平 7
19. 炮五平三　…………

红方卸炮牵制黑方左翼，灵活的走法。

19. …………　车 2 进 8

黑方进车压马，势在必行。

20. 仕六进五　马 3 进 4

黑方弃马踏兵，简明有力之着。

21. 炮三退一　…………

红方退炮打车，正着。如改走马四进六，则炮 7 平 5，红方难应。

21. …………　车 8 进 2

黑方进车捉炮，构思精妙！

22. 相一进三　车 8 平 7　　23. 马四进六　车 7 退 2
24. 车四退二　车 7 平 4　　25. 马六退四　车 4 平 6
26. 相三退一　象 3 退 5　　27. 兵一进一　车 6 平 2

黑方夺回失子，双方均势。

第二种走法：炮 2 退 1

12. …………　炮 2 退 1

黑方退炮预作防范，改进后的走法。

13. 马八进七　…………

红方如改走兵六进一，则车 1 平 4，兵六平七，马 3 退 1，黑方满意。

13. …………　马 7 进 8

黑方进马，思路极为清晰，由此黑方展开了全面进攻。

14. 车四退四　车 8 平 3　　15. 车九进一　马 8 进 7
16. 相一退三　车 1 平 4　　17. 车九平六　马 7 退 5

黑方退中马捉车，取势要着。

18. 炮五进一　炮 2 进 5

黑方进炮，是兑子争先扩大优势的有力手段。

19. 车六进三　炮2平5　　20. 车六平五　炮5平7
21. 相三进一　车4进4
黑方优势。

第55局　红挺兵吃卒对黑中卒吃兵

1. 炮二平五　马8进7　　2. 马二进三　车9平8
3. 车一平二　马2进3　　4. 兵七进一　卒7进1
5. 车二进六　炮8平9　　6. 车二平三　炮9退1
7. 兵五进一　士4进5　　8. 兵五进一　炮9平7
9. 车三平四　卒7进1　　10. 兵三进一　卒5进1(图55)

黑方挺中卒吃兵，新的尝试。

如图55形势，红方有两种走法：(一)车四平七；(二)马三进五。分述如下：

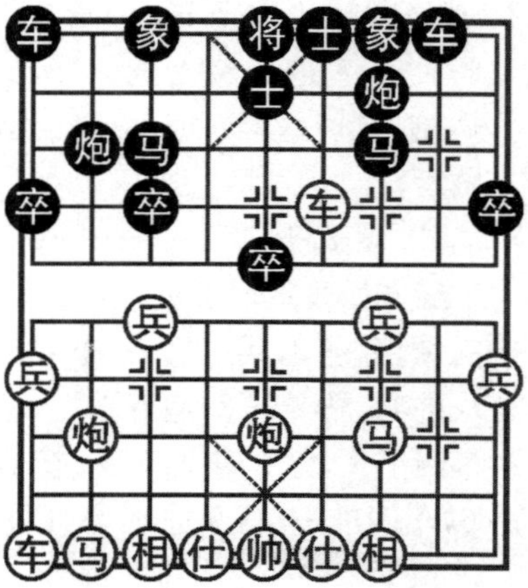

图55

第一种走法：车四平七

11. 车四平七　…………

红方平车吃卒，嫌软。

11. …………　马3退4
12. 马三进五　炮2平5

黑方抓住红方平车吃卒的弊病，补架中炮迅速展开反击，是反夺主动的有力之着。

13. 马八进七　…………

红方进马连环，无奈之着。如改走马五进六，则马7进8，相三进一，马8进6，黑方优势。

13. …………　车1平2　　14. 车九平八　车2进6
15. 马五进六　马7进8　　16. 炮八平九　…………

红方兑车弃相，不甘苦守的走法。如改走炮五进五(如相三进一，则马8进6，黑方优势)，则马4进5，车七进三，士5退4，也是黑方占优。

16. …………　炮7进8　　17. 仕四进五　车2平4
18. 炮五进五　马4进5　　19. 车七进三　士5退4
20. 马六进五　象7进5　　21. 车七退二　象5退3

黑方退象，可以延缓红方进攻速度，是攻不忘守的巧妙之着。

22. 车八进五　炮7平9　　23. 车八平五　士6进5

24. 车五退二　马 8 进 6

黑方优势。

第二种走法:马三进五

11. 马三进五　…………

红方进马,改进后的走法。

11. …………　象 3 进 5

黑方如改走马 7 进 8,则炮五进三,象 3 进 5,炮五平三,车 1 平 4,相七进五(如炮八平五,则车 4 进 6,马八进七,炮 2 进 4,马五进四,炮 7 进 4,黑方足可对抗),车 4 进 6,马八进七,炮 2 进 4,马五进四,象 7 进 9,车四平七,炮 2 平 3,车七平三,炮 7 平 6,马四进五,象 9 进 7,兵三进一,马 8 进 7,车三平四(如仕六进五,则车 4 退 4,马五进三,马 7 进 6,兵七进一,马 6 退 8,车九平六,车 4 进 7,帅五平六,车 8 进 2,兵七进一,车 8 平 4,黑方多子易走),车 8 进 2,马五进三,车 8 平 6,炮八进一,车 6 进 1,马三退四,车 4 退 3,炮八平三,车 4 平 6,兵三平四,红方易走。

12. 炮五平三　…………

红方如改走炮五进三,则车 8 进 6(如车 1 平 4,则炮八平三,车 8 进 4,炮五平三,炮 7 进 3,兵三进一,车 8 平 7,炮三进五,车 7 退 2,相七进五,红方稍好),马八进七,马 7 进 8,炮五平三,车 1 平 4,相七进五,炮 2 进 4,仕六进五,象 7 进 9,车四平三,象 9 进 7,车三进二,象 7 退 9,车三平四,马 3 进 5,车四退三,马 8 进 6,车四进一,马 6 进 4,车九进一,炮 2 平 5,车四平五,炮 5 退 2,黑方优势。

12. …………　马 7 进 8　　13. 兵三进一　马 8 进 7

14. 马五进六　马 7 退 5　　15. 相七进五　炮 7 进 6

16. 炮八平三　车 1 平 4　　17. 马六进七　车 4 进 2

18. 仕六进五　车 4 平 3　　19. 兵三平四　炮 2 进 1

20. 车四进二　炮 2 退 2　　21. 车四退二　车 8 进 6

双方大体均势。

第56局　红挺兵吃卒对黑左车过河

1.炮二平五　马8进7　2.马二进三　车9平8
3.车一平二　马2进3　4.兵七进一　卒7进1
5.车二进六　炮8平9　6.车二平三　炮9退1
7.兵五进一　士4进5　8.兵五进一　炮9平7
9.车三平四　卒7进1　10.兵三进一　车8进6

黑方挥车过河抢占兵线，嫌急。

11.马八进七(图56)　…………

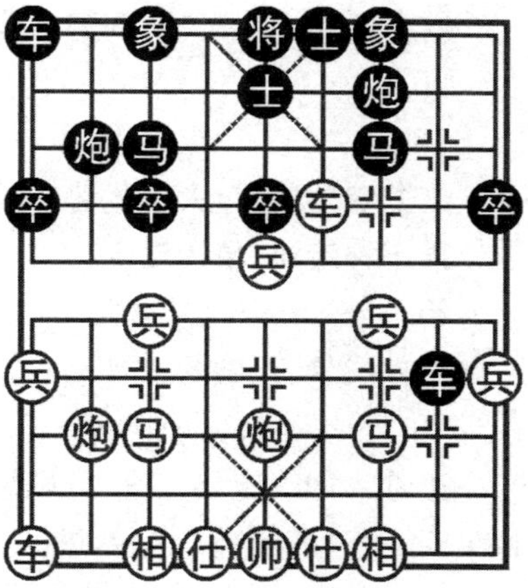

图56

红方如改走炮五退一，则象3进5，马八进七，卒5进1，马七进五，马7进8，车四平三，马8退9，车三平七，车8平5，车七进一，炮2进3，相七进五，车5平4，车七平八，炮2平7，相五进三，炮7进6，相三退五，炮7平2，车八退五，马9进7，黑方略优。

如图56形势，黑方有三种走法：(一)马7进8；(二)车8平3；(三)象3进5。分述如下：

第一种走法：马7进8

11.…………　马7进8

黑方进马逐车，操之过急。

12.兵三进一　…………

红方三兵渡河，先弃后取，抢先之着。

12.…………　炮7进6　13.炮五进四　马3进5
14.炮八平三　车8平7　15.兵三平二　车7进1

以上几个回合，红方通过先弃后取的战术手段，简明取得了扩先之势。

16.马七进五　车7平8

黑方如改走车7退1(如车7进2，则车四平五，红方优势)，则马五进四，红方多兵占优。

17.车四平五　车8退3　18.马五进四

红方稍优。

第二种走法：车8平3

11. ………… 车8平3 12. 马七进五 …………

红方双马顺利连环盘头而上，形势乐观。

12. ………… 卒3进1

黑方兑卒活通马路，势在必行。

13. 兵七进一 炮2进4 14. 车四进二 …………

红方进车捉炮，紧凑有力之着。

14. ………… 炮2退5 15. 车四退二 马7进8
16. 兵三进一 …………

红方三兵乘机渡河，其势渐盛。

16. ………… 马8进7 17. 兵五进一 车3退2
18. 兵三进一

红方双兵渡河，大占优势。

第三种走法：象3进5

11. ………… 象3进5

黑方飞象，正确的选择。

12. 马七进五 …………

正着。如改走兵三进一，则炮7进3，马三进五，卒5进1，炮五进三，车1平4，车四平三，马3进5，炮八进四，卒3进1，兵七进一，炮7平3，仕四进五，炮3退1，车三退二，马5进3，黑方易走。

12. ………… 车1平4

黑方如改走卒5进1，则炮八平七，红占主动。

13. 兵五平六 马7进8 14. 兵三进一 炮7进6
15. 马五退三 马8进7 16. 车四退三 车4进4
17. 兵九进一 …………

红方挺边兵，准备车九进三双车捉马，攻击点十分准确。

17. ………… 卒3进1 18. 炮五平七 车4平7
19. 兵七进一 车7平3 20. 炮七进五 车3退2
21. 相七进五 车3进2 22. 车九进三 车3平7
23. 炮八平九

红方优势。

小结:黑方第 9 回合卒 7 进 1 冲卒反击,对红方三路线施加压力,着法有力! 是对卒 5 进 1 与象 3 进 5 等老式应法的突破性改进。此变例短兵相接,对攻激烈,变化十分复杂,双方互有机会。

第三章　红急进中兵　黑退窝心马类

第一节　红左炮过河变例

第57局　红炮打中卒对黑飞右象

1. 炮二平五　马8进7　2. 马二进三　车9平8

3. 车一平二　马2进3　4. 兵七进一　卒7进1

5. 车二进六　炮8平9　6. 车二平三　炮9退1

7. 兵五进一　马3退5

黑方退马窝心，避开流行套路，是较为新颖的走法。

8. 炮八进四　…………

红方进炮窥视黑方中卒，着法有力。以往红方曾走炮五进四，马7进5，车三平五，炮2平5，相七进五，车1平2，马八进六，车8进8，仕六进五，车8平6，车九平七，马5进7，车五平六，马7进6，兵五进一，马6进7，车七进二，炮5平7，马六进五，炮9平7，相五进三，车6退2，相三退一，前炮平5，车七平六，象3进1，帅五平六，士4进5，前车平五，车2进2，帅六平五，士5进4，马五进四，炮7平4，车六平七，炮4平5，车五平六，后炮进3，帅五平六，车6退2，黑胜。

8. …………　卒3进1

黑方弃卒再攻车，针锋相对之着。

9. 兵七进一　炮9平7　10. 炮五进四　…………

红方炮打中卒，保持复杂变化，是21世纪兴起的新战术。

10. …………　象3进5　11. 车三进一　…………

红方弃车砍炮，着法凶悍。如改走车三平四，则马7进5，车四平五，车1平3，黑方满意。

11. …………　炮2平7　12. 兵五进一　卒7进1

13. 马三进五　卒7进1　14. 相七进五(图57)　…………

如图57形势，黑方有两种走法：(一)卒7平6；(二)前炮进7。分述如下：

第一种走法:卒7平6

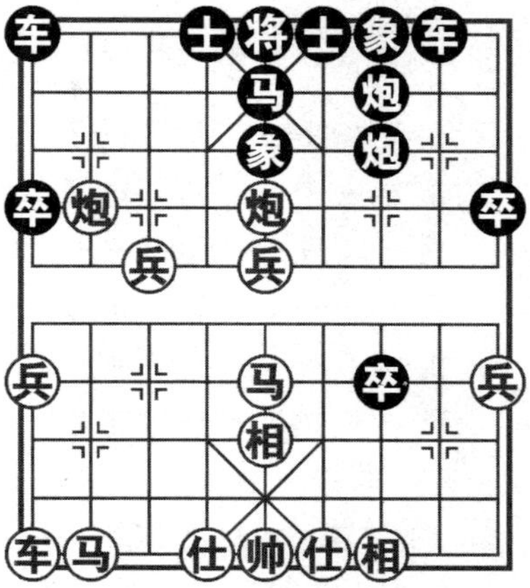

图57

14. ………… 卒7平6
15. 马八进七 卒6平5
16. 马七进五 车8进6
17. 马五进四 前炮进2
18. 兵七平六 车1平2
19. 炮八平七 车2平3
20. 炮七平八 车3平2
21. 炮八平七 卒9进1
22. 车九平八 车2平3
23. 炮七平六 车3进2
24. 车八进四 车8平6
25. 仕四进五 车3平4 26. 炮六平八 车4平2
27. 炮八平七 车2平3 28. 炮七平六 车3平4
29. 炮六平八 车4平2 30. 炮八平七 车2平3
31. 炮七平六 后炮平9

黑方应改走车3进4为宜。

32. 车八平三 象7进9 33. 车三平七

红方胜势。

第二种走法:前炮进7

14. ………… 前炮进7

黑方弃炮轰相,是改进后的走法。

15. 相五退三 炮7进8 16. 仕四进五 炮7平9
17. 帅五平四 …………

红方如改走马五进四,则车8进9,仕五退四,车1平2,双方对攻,局面复杂,难以掌握。

17. ………… 车8进9 18. 帅四进一 车8退5

黑方先进车“将军”,再退车捉兵,正着。

19. 兵七平六 炮9平5 20. 兵六进一 车1平3
21. 帅四退一 炮5退3 22. 车九进二 炮5退3
23. 炮八平五 车3进6

黑方多子占优。

第 58 局　红炮打中卒对黑飞左象

1. 炮二平五　马 8 进 7　　2. 马二进三　车 9 平 8
3. 车一平二　马 2 进 3　　4. 兵七进一　卒 7 进 1
5. 车二进六　炮 8 平 9　　6. 车二平三　炮 9 退 1
7. 兵五进一　马 3 退 5　　8. 炮八进四　卒 3 进 1
9. 兵七进一　炮 9 平 7　　10. 炮五进四　象 7 进 5

黑方飞左象,创新的走法。

11. 车三平四　马 7 进 5　　12. 车四平五　马 5 进 7
13. 车五平四(图 58)　…………

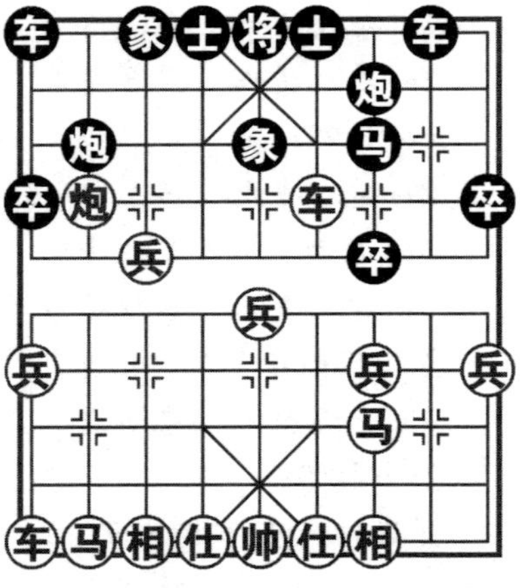

图 58

红方以往曾走车五平七,卒 1 进 1,相七进五,车 1 进 3,马八进六,车 8 进 5,马六进七,象 5 进 3,马七进六,炮 7 平 2,炮八退二,车 1 平 3,炮八平二,象 3 退 5,马三进五,后炮平 5,车九平八,车 3 平 4,兵五进一,炮 5 进 3,仕六进五,炮 2 平 3,炮二平六,车 4 平 3,车八进六,车 3 平 2,马六进八,士 6 进 5,马五进七,象 5 进 3,马七退八,炮 3 平 2,炮六平五,炮 2 进 5,和棋。

如图 58 形势,黑方有两种走法:(一)炮 7 平 5;(二)车 1 进 1。分述如下:

第一种走法:炮 7 平 5

13. …………　炮 7 平 5
14. 相七进五　车 8 进 6　　15. 马八进七　车 8 平 7
16. 马三进五　象 5 进 3　　17. 车四平三　炮 5 进 5

黑方如改走炮 2 平 5,则车三进一,前炮进 4,仕六进五,前炮平 9,车九平六,炮 5 进 6,相三进五,炮 9 进 3,相五退三,车 7 进 3,车三平二,卒 7 进 1,车六进二,红方优势。

18. 马七进五　车 7 平 5　　19. 车三进一　车 1 进 2
20. 车九平七

红方易走。

第二种走法:车1进1

13. …………　车1进1

黑方高横车,另辟蹊径。

14. 相七进五　马7进8

黑方进马准备逐车,力争主动的走法。

15. 兵五进一　卒7进1　16. 车四平六　卒7进1
17. 马三进五　马8进6　18. 马五进三　车1平6
19. 马八进六　卒7进1　20. 车九平七　卒7进1
21. 车六平四　卒7平6　22. 车四进二　炮7进8
23. 仕四进五　车8平9　24. 炮八平五　象5进3
25. 马三退二　卒6平5　26. 帅五进一　炮7平3
27. 车四退四　车8平5　28. 帅五平四　炮2进6
29. 帅四进一　炮3退2

黑方应改走车5平4,双方对攻。

30. 相五进七　车5退5　31. 马二进三　车5退1
32. 车四进五　将5进1　33. 马六进五

红方易走。

第59局　红炮打中卒对黑马兑炮

1. 炮二平五　马8进7　2. 马二进三　车9平8
3. 车一平二　马2进3　4. 兵七进一　卒7进1
5. 车二进六　炮8平9　6. 车二平三　炮9退1
7. 兵五进一　马3退5　8. 炮八进四　卒3进1
9. 兵七进一　炮9平7　10. 炮五进四　马7进5

黑方以马换炮,简明之着。

11. 车三平五　炮2平5

黑方平中炮反击,着法积极。如改走车1进2,则相七进五,卒7进1,马三进五,卒7平6,兵五进一,炮2平7,马五进四,红方优势。

12. 相七进五　…………

红方亦可改走仕六进五,黑如马5进7,则车五平四,车1进2,马八进七,车8进5,车九平八,车8平5,相三进五,马7进5,兵七平六,马5进6,兵六平五,炮7平5,马三进五,后炮进3,炮八平五,马6退5,车八进九,前炮进2,马七进五，车5进1，车八平七，红方易走。

12. ………… 马5进7　13. 车五平四（图59）…………

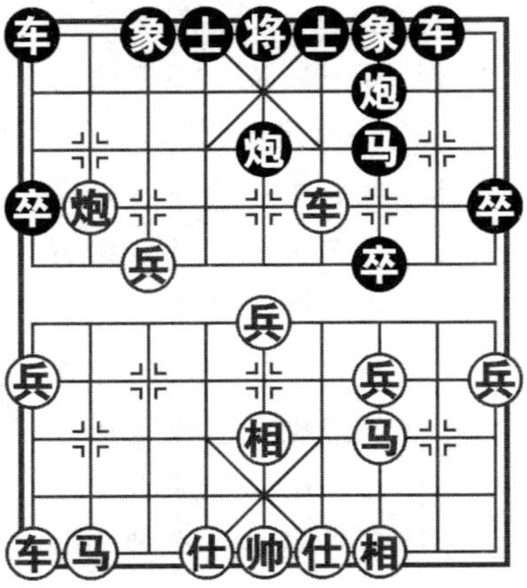

图59

如图59形势，黑方有两种走法：（一）车8进7；（二）车1平2。分述如下：

第一种走法：车8进7

13. ………… 车8进7

黑方如改走炮7平5，则兵五进一，马7进8，车四退三，后炮进3，仕六进五，车8进3，炮八退二，红方有兵过河，局面占优。

14. 车四进二　车1平2
15. 兵七平八　炮7平9
16. 车四平三　马7进5
17. 车三平一　车8平7
18. 仕六进五　车7退1
19. 兵五进一　炮5进2　20. 车一退二　马5退6
21. 马八进六　车7进3　22. 车一平四　车2进1
23. 车九平七　车7退2　24. 车七进九　车7平5
25. 车七退四　炮5退2　26. 车七进二　马6进5
27. 车七退三　卒7进1　28. 帅五平六　马5进6

黑方优势。

第二种走法：车1平2

13. ………… 车1平2　14. 马八进七　车8进5
15. 仕六进五　车8平5　16. 车九平六　马7进5
17. 兵七进一　马5进6　18. 马三进五　炮5进4
19. 马七进五　炮7进5

黑方如改走马6进5，则相三进五，车5进1，车四平五，车5退3，炮八平五，红方稍好。

20. 车六进二 …………

红方如误走马五进七，则马6进5，车六进二（如相三进五，则车5进2，黑方胜势），马5进7，帅五平六，象3进5，黑方优势。

20. ………… 车5进1　21. 车四退二　炮7平1

双方平稳。

第60局　红平车邀兑对黑左车应兑(一)

1. 炮二平五　马8进7　2. 马二进三　车9平8
3. 车一平二　马2进3　4. 兵七进一　卒7进1
5. 车二进六　炮8平9　6. 车二平三　炮9退1
7. 兵五进一　马3退5　8. 炮八进四　卒3进1
9. 兵七进一　炮9平7　10. 车三平二　…………

红方平车邀兑,稳健的走法。

10. …………　车8进3　11. 炮八平二　炮2平5

黑方补架中炮,着法简明。

12. 马八进七　车1平2　13. 车九进一　…………

红方高横车策应右翼,正着。

13. …………　炮5进3　14. 马三进五　卒5进1(图60)

如图60形势,红方有两种走法:(一)兵七平六;(二)兵七进一。分述如下:

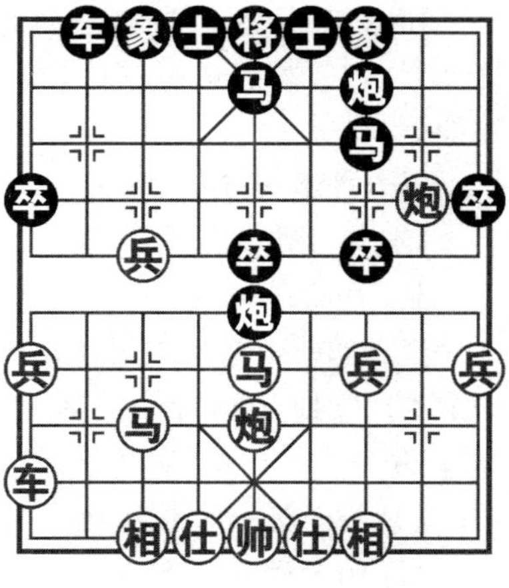

图60

第一种走法:兵七平六

15. 兵七平六　车2进4
16. 兵六平五　…………

红方兑掉中卒,取势要着。

16. …………　炮5进2

黑方如改走车2平5,则炮五进二,车5进1,炮二退五,红方优势。

17. 相七进五　车2平5
18. 车九平四

红方先手。

第二种走法:兵七进一

15. 兵七进一　车2进6　16. 车九平四　车2平3
17. 兵七平八　车3进1　18. 炮五进二　车3平8
19. 炮二平五　…………

红炮镇中叫将,下伏先弃后取的手段,巧着。

19. …………　马5进3

黑方如改走马7进5,则炮五进二,马5进3,炮五平七,也是红占主动。

20. 车四进六　卒5进1　　21. 炮五退一　卒5进1
22. 车四平三　车8平2　　23. 车三进一　车2退4
24. 车三进一　车2进1　　25. 车三退四

红方多相占优。

第61局　红平车邀兑对黑左车应兑(二)

1. 炮二平五　马8进7　　2. 马二进三　车9平8
3. 车一平二　马2进3　　4. 兵七进一　卒7进1
5. 车二进六　炮8平9　　6. 车二平三　炮9退1
7. 兵五进一　马3退5　　8. 炮八进四　卒3进1
9. 兵七进一　炮9平7　　10. 车三平二　车8进3
11. 炮八平二　马5进6(图61)

黑方跳出窝心马,着法积极。

如图61形势,红方有三种走法:(一)炮二平五;(二)兵五进一;(三)车九进一。分述如下:

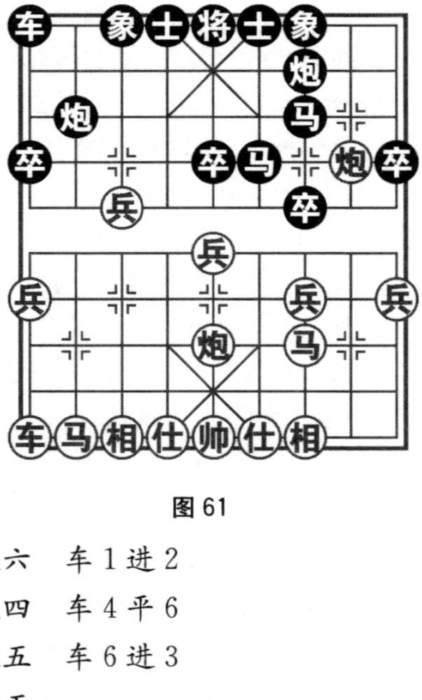

图61

第一种走法:炮二平五

12. 炮二平五　马7进5
13. 兵五进一　…………

红方如改走炮五进四,则马6进5,红方中炮难以立稳,黑方足可抗衡。

13. …………　炮2平5
14. 兵五进一　炮5进5
15. 相七进五　马6进5
16. 马三进五　马5退3　　17. 马五进六　车1进2
18. 马八进六　车1平4　　19. 前马进四　车4平6
20. 车九平七　马3退5　　21. 马四退五　车6进3
22. 马五进七　马5进3　　23. 车七进五

和势。

第二种走法:兵五进一

12. 兵五进一　…………

红方双兵渡河,改进后的走法。

12. …………　炮 2 平 5　13. 兵五进一　…………

红方如改走兵七平六，则卒 5 进 1，兵六平五，炮 7 平 5，马八进七，后炮进 3，马三进五，前炮进 3，相七进五，车 1 平 2，仕六进五，马 6 进 5，黑方满意。

13. …………　炮 5 进 5　14. 相七进五　马 6 进 5

黑方子力灵活，足可一战。

第三种走法：车九进一

12. 车九进一　马 6 进 5　13. 兵七平六　炮 2 平 5
14. 车九平四　车 1 平 2　15. 马八进七　马 7 进 6
16. 马七进五　马 6 进 5　17. 马三进五　马 5 进 7
18. 炮五进四　炮 7 平 5　19. 车四进五　马 7 退 5
20. 兵六平五　车 2 进 6　21. 仕四进五　后炮进 2
22. 炮二平五　炮 5 进 2　23. 马五进七　…………

红方应改走炮五退二兑子，双方均势。

23. …………　炮 5 进 4　24. 车四平二　炮 5 平 9

黑方优势。

第二节　红退车吃卒变例

第 62 局　黑退窝心马对红退车吃卒

1. 炮二平五　马 8 进 7　2. 马二进三　车 9 平 8
3. 车一平二　马 2 进 3　4. 兵七进一　卒 7 进 1
5. 车二进六　炮 8 平 9　6. 车二平三　炮 9 退 1
7. 兵五进一　马 3 退 5　8. 车三退一(图 62)　…………

红方退车吃卒，稳健的走法。

如图 62 形势，黑方有两种走法：(一)象 3 进 5；(二)炮 2 平 5。分述如下：

第一种走法：象 3 进 5

8. …………　象 3 进 5　9. 车三平六　车 8 进 6

黑方挥车过河寻求反击。不如改走马 5 进 3 较为稳健。

10. 马八进七　马 5 退 3　11. 马七进五　车 8 平 7
12. 炮八进一　车 7 退 3　13. 车九进一　…………

红方进炮逼退黑车后，再升九路车助战，先手渐趋扩大。

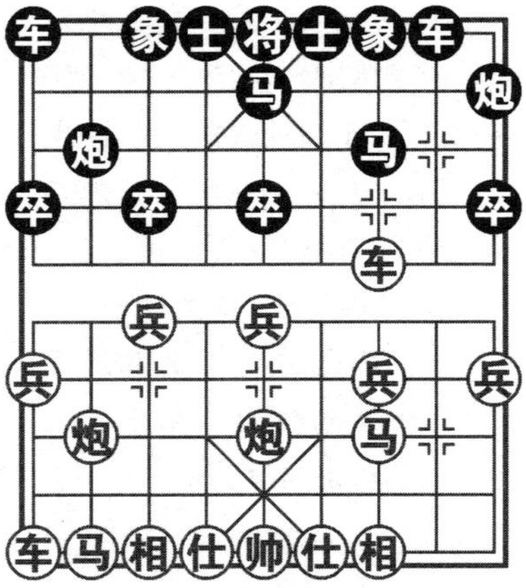
图 62

13. ………… 炮 2 平 4
14. 炮八退二 炮 9 平 4
15. 车六平八 前炮进 6
16. 车九进一 …………

红方升车避捉，且伏车九平六捉双的手段。也可改走炮八进一，黑如接走前炮退 6（如马 3 进 4，则炮五退一，红方优势），则炮五退一，红亦稳占优势。

16. ………… 后炮平 7
17. 车九平六 炮 4 平 6
18. 兵五进一 士 4 进 5
19. 兵五进一 …………

红方大子均已出动，现冲中兵开始进攻。也可考虑改走兵五平四保住过河兵，再徐图进取。

19. ………… 马 7 进 5　20. 车六进四 马 5 进 6
21. 车六平五 马 6 退 7

红方优势。

第二种走法：炮 2 平 5

8. ………… 炮 2 平 5

黑方补架中炮，着法积极。

9. 炮八平六 …………

红方如改走马八进七，则车 1 平 2，车九平八，炮 9 平 7，车三平六，车 2 进 6，兵三进一，车 8 进 6，炮八退一，马 5 进 3，炮八平五，车 2 平 6，兵五进一，车 8 平 7，黑方优势。

9. ………… 车 1 进 2　10. 车三平六 炮 5 进 3
11. 仕六进五 车 8 进 4　12. 车六退一 马 5 进 6
13. 马八进九 士 6 进 5

红方如改走马八进七，则士 4 进 5，车九平八，车 1 平 3，车八进六，卒 3 进 1，兵七进一，车 3 进 2，马三进五，炮 5 进 2，相七进五，双方均势。

14. 车九平八 车 8 进 2　15. 车八进三 炮 9 平 7

黑方满意。

小结：黑方第 7 回合马 3 退 5 退窝心马变例，是近年来出现的新变着，最早见于网络对局，一改传统的士 4 进 5 走法。黑方的构思是以反击红方过河车为目的，红方第 8 回合炮八进四进炮窥视中卒，着法有力，是应对黑方窝心马变例的最佳战术手段。

第四章　红急进中兵进正马类

第一节　红进正马变例

第63局　红进正马对黑平炮逐车(一)

1. 炮二平五　马8进7　2. 马二进三　车9平8
3. 车一平二　马2进3　4. 兵七进一　卒7进1
5. 车二进六　炮8平9　6. 车二平三　炮9退1
7. 兵五进一　士4进5　8. 马八进七　…………

形成中炮过河车对屏风马平炮兑车红冲中兵进正马的变例。红方此时进正马采取缓攻策略，不落俗套的走法。

8. …………　炮9平7

黑方如改走卒7进1，则车三退二，炮9平7，车三平四，马3退4，车九进一，炮2平5，马七进八，车8进6，车九平四，车8平7，仕四进五，马7进8，后车进二，车7退3，前车平二，炮7进6，炮八平三，车7进4，车二进一，车1平2，马八进七，马4进3，马七进五，象3进5，兵七进一，车7进2，仕五退四，车7退4，兵七进一，马3退4，兵五进一，卒5进1，车二平五，红方优势。

9. 车三平四　马7进8　10. 马三进五　卒7进1
11. 车四平三　…………

红方如改走车四退一，则卒7平6，相三进一，车8进2，兵五进一，马8进7，车四进三，炮2退1，车四退四，卒5进1，车四退一，炮2进5，车四进五，卒5进1，车四平三，卒5进1，马七进五，马7进5，相七进五，车8平5，马五退七，炮2平8，车三退五，车1平2，车九平八，炮8进1，车三退一，炮8进2，相一退三，双方均势。

11. …………　马8退7　12. 车三平四　卒7进1
13. 相三进一　…………

红方飞相，预防黑方卒7平6反击，后中先的走法。如改走兵五进一，则卒7平6，车四退三，炮7进8，仕四进五，车8进9，车九进一，象3进5，兵五平六，炮2进4，车四进五，炮2平3，相七进九，炮3平9，炮五平一，车1平2，马五退三，炮7退1，仕五退四，车2进7，车九平三，车8退2，马三进五，车8平5，仕四进五，车5平9，车三进六，车9进2，车四退八，车9平6，帅五平四，炮9平1，黑方胜势。

13.…………　车8进8

黑方进车红方下二路，牵制红方底线。

14.兵五进一（图63）　…………

红方冲中兵，直攻中路。

如图63形势，黑方有两种走法：(一)马7进8；(二)象3进5。分述如下：

第一种走法：马7进8

14.…………　马7进8

15.车四退一　…………

红方如改走车四平二，则卒7平6（如卒5进1，则马五进六，马3退4，炮八进三，卒3进1，兵七进一，马4进5，马六进五，象3进5，炮八平五，车1平3，前炮平三，红方优势），炮五平三，象3进5，马五进六，车8平3，马七进六，马8进6，炮八平六，卒6进1，车九平八，卒6进1，后马退五，马6退4，兵五平六，车1平2，黑方优势。

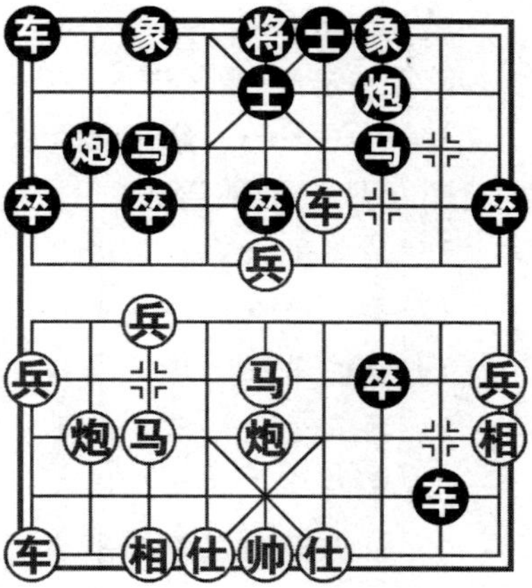

图63

15.…………　卒7平6　　16.炮五平三　象7进5

17.马五进六　…………

红方进马，保持变化的走法。如改走车四退二，则卒5进1，马五进四，马3进5，马四进二，炮2退1，马七进八，卒5进1，炮八进六，炮7平2，马八进七，马8进6，马二退四，卒5进1，车四平五，马6进7，车五进三，车8平6，仕六进五，车6退4，马七进八，车6平2，马八退七，卒9进1，车九进二，马7退6，车五退三，车1平2，黑可抗衡。

17.…………　炮2进2　　18.车四进三　炮2平5

黑方也可改走炮2退3，红如接走车四退五，则卒5进1，炮八进四，车1进2，炮八平一，马8退7，炮三进六，炮2平7，车九进一，车8平1，炮一进三，炮7退1，马七退九，马3进5，黑方易走。

19.马六进八　…………

红方如改走炮八进三，则炮5平2，车九平八，炮7进3，车八进五，车1平

2,车八退一,车8退1,炮三平五,炮7平5(如车8平9,则马六进七,车2进5,后马进八,炮7进5,仕四进五,车9进2,马八进九,炮7退5,仕五退四,炮7平5,炮五进四,马8退7,车四退一,车9退1,车四平三,卒6进1,车三退二,炮5进1,车三平六,红胜),仕六进五,车2进5,马七进八,卒6进1,炮五进一,车8退2,黑方优势。

19.………… 马8进6　　20.车四退四 马3退1
21.马八进九 车1进1
黑有攻势。

第二种走法:象3进5

14.………… 象3进5
黑方飞象,新的尝试。

15.马五进六 马7进8　　16.车四退一 炮2进2
17.马七进五 卒7平6　　18.车四退二 炮7进8
19.仕四进五 炮7平9　　20.帅五平四 车8平7
21.兵五进一 车7进1　　22.帅四进一 马8进7
23.车四平三 车7退3　　24.兵五进一 车7平6
25.仕五进四 炮9平5　　26.兵五进一 士6进5
27.马五进四 马3进5　　28.马六进八 车1平4
黑方胜势。

第64局　红进正马对黑平炮逐车(二)

1.炮二平五 马8进7　　2.马二进三 车9平8
3.车一平二 马2进3　　4.兵七进一 卒7进1
5.车二进六 炮8平9　　6.车二平三 炮9退1
7.兵五进一 士4进5　　8.马八进七 炮9平7
9.车三平四 马7进8　　10.马三进五 卒7进1
11.车四平三 马8退7　　12.车三平四 卒7进1
13.相三进一 车8进8　　14.炮八平九 马7进8(图64)
如图64形势,红方有两种走法:(一)车四平三;(二)车四退一。分述如下:

第一种走法:车四平三

15.车四平三 炮2退1　　16.车九平八 卒7平6
17.炮五平三 象3进5

黑方如改走卒 6 平 7，则炮三平五，卒 7 平 6，炮五平三，卒 6 平 7，炮三退二，象 3 进 5，仕四进五，炮 2 平 4，马五进三，马 8 退 9，车三平二，车 8 退 5，马三进二，炮 7 进 8，相一退三，车 1 平 2，车八进九，马 3 退 2，双方均势。

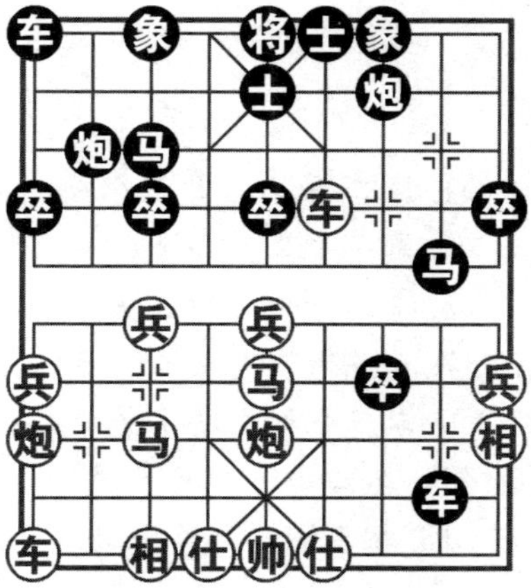
图 64

18. 炮三进六　马 8 退 9
19. 车三平四　炮 2 平 7
20. 车四退三　炮 7 进 8
21. 仕四进五　炮 7 平 9
22. 车四退二　车 8 进 1
23. 仕五退四　车 8 退 1
24. 仕四进五　车 8 进 1
25. 仕五退四　马 9 进 7
26. 车八进七　车 1 平 3　27. 车四平一　马 7 进 6
28. 马五退四　车 8 退 2　29. 车一退一　车 8 平 3

黑方可战。

第二种走法：车四退一

15. 车四退一　…………

红方退车避捉，比较少见的走法。

15. …………　车 1 平 2　16. 车九平八　炮 2 进 4
17. 兵五进一　卒 7 平 6　18. 炮五平三　马 8 进 7
19. 车四平三　卒 6 平 5　20. 车三进三　象 7 进 5
21. 兵五进一　马 7 进 9　22. 马七进五　马 9 进 7
23. 马五退四　马 3 进 5　24. 车三退五　炮 2 进 2
25. 炮九平五　车 8 退 4　26. 炮五退一　车 2 进 4
27. 兵七进一　车 8 平 3　28. 炮三平二　马 7 退 8
29. 车三平二　炮 2 平 6　30. 车二平四　炮 6 平 7
31. 炮二进七　炮 7 退 8　32. 车八进五　车 3 平 2
33. 车四进三　车 2 平 5

黑方优势。

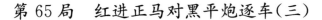

第65局 红进正马对黑平炮逐车(三)

1. 炮二平五 马8进7　　2. 马二进三 车9平8
3. 车一平二 马2进3　　4. 兵七进一 卒7进1
5. 车二进六 炮8平9　　6. 车二平三 炮9退1
7. 兵五进一 士4进5　　8. 马八进七 炮9平7
9. 车三平四 马7进8　　10. 马三进五 卒7进1
11. 车四平三 马8退7　　12. 车三平四 卒7进1
13. 相三进一 象3进5

黑方飞象,稳健的走法。也可改走车8进4,红如兵五进一,则象3进5,马五进六,车1平3,马七进五,卒5进1,炮八进三,卒3进1,马六进七,车3进2,马五进六,车3退2,炮五进五,象7进5,马六进五,士5进6,相七进五,车3进2,马五退六,车3平4,兵七进一,车8平6,车四平九,士6进5,仕六进五,马7进8,马六退五,车6退1,炮八平五,将5平6,黑方多子易走。

14. 炮八平九(图65) …………

红方平边炮准备亮出左车,稳步进取。如改走兵五进一,则卒5进1,马五进六,车1平3,炮八平九,卒3进1,车四平七,马3进5,车七进三,象5退3,车九平八,炮2退1,炮九进四,马5进7,炮九进三,象3进5,车八进六(如马六进五,则象7进5,炮五进五,士5进4,车八进八,前马进6,仕六进五,车8进3,仕五进四,炮7平9,兵七进一,卒7进1,对攻中黑方易走),前马进6,仕六进五,车8进5,黑方足可一战。

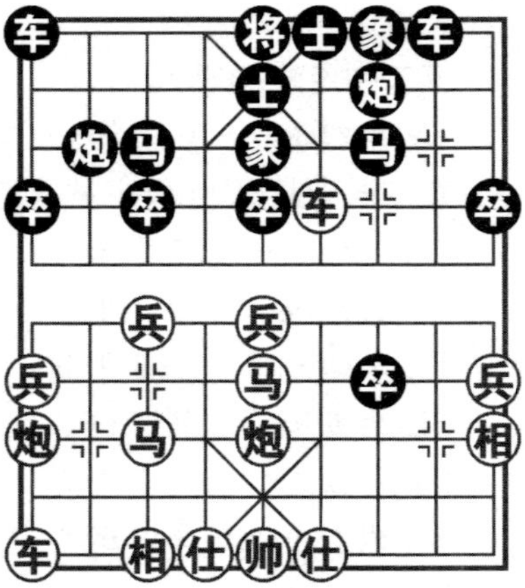

图65

如图65形势,黑方有两种走法:(一)炮2退1;(二)车8进4。分述如下:

第一种走法:炮2退1

14. ………… 炮2退1

黑方如改走炮2进6,则仕六进五,炮7平8,炮五平二,炮8平7,车九平八,车1平2,炮二平六,车8进4,兵五进一,车8平5,炮六平五,车5平7,炮九平八，炮2平4，炮五平六，炮4平3，车四进二，炮7平9，炮八进五，炮9进1，黑方多卒占优。

15. 车九平八　车8进4　16. 车八进七　马3退4

17. 马七进八　…………

红方如改走兵五进一，则卒5进1，马七进六，卒5进1，炮五进二，车8平4，马六退七，车4平5，炮五平三，卒3进1，兵七进一，车1平3，炮三进四，炮2平7，炮九退一，双方均势。

17. …………　炮2进4　18. 车八退三　车8平7

19. 兵五进一　卒5进1　20. 马五进六　卒5进1

21. 马六进八　车1平3　22. 车八退一　车7平6

23. 车四平二　车6平8　24. 车二平六　卒5进1

25. 炮五平七　卒1进1　26. 兵七进一　车8平3

黑可抗衡。

第二种走法：车8进4

14. …………　车8进4　15. 车九平八　炮2退1

16. 炮九退一　卒3进1　17. 兵五进一　…………

红可改走车八进七，黑如马3进4，则兵五进一，马4进5，马七进五，卒7平6，车四退三，卒5进1，马五进六，车8平6，车四平二，车6平8，车二进二，马7进8，马六进五，象7进5，炮五进五，将5平4，兵七进一，红方弃子夺势。

17. …………　卒5进1　18. 兵七进一　卒5进1

19. 炮五进二　车8平3　20. 炮九平七　车3平5

21. 炮七平五　…………

红方如改走炮七进六，则马7进8，红方不利。

21. …………　车5平3　22. 后炮平七　车3平5

23. 炮七平五　车5平3　24. 马七进六　炮2平3

25. 马五退七　车3平4　26. 车八进七　马7进8

27. 前炮平三　马3进5　28. 炮五进六　象7进5

29. 车四平五　马8进6　30. 车五进一　…………

红车贪象，招致黑方强烈反击。应改走车五退二，马6退7（如炮3进4，则车五退一），炮三进四，炮3平7，车八退一，车4平5，车五退一，车5进2，马七进五，马7进5，马六进七，红方尚可抗衡。

30. …………　马6进4

黑方有攻势。

小结：本章红方冲中兵再选择马八进七相对缓和的走法，不落俗套，含有出其不意之举。此变例由于红方强子行棋速度较慢，黑方可以从容布阵，从而达到对抗之势。

第五章　红冲中兵平七路炮类

第一节　黑弃7卒变例

第66局　黑弃7卒对红挺兵吃卒

1. 炮二平五　马8进7　2. 马二进三　车9平8
3. 车一平二　马2进3　4. 兵七进一　卒7进1
5. 车二进六　炮8平9　6. 车二平三　炮9退1
7. 兵五进一　士4进5　8. 炮八平七　…………

形成中炮过河车对屏风马平炮兑车红冲中兵再平七路炮的变例。这是20世纪六七十年代一度流行的走法。红方冲中兵，逼黑方上士后，再平七路炮，可使黑方无右马回窝心的反击手段，这是中炮方的又一种进攻方案。

8. …………　炮9平7　9. 车三平四　卒7进1

黑方弃卒使8路车迅速投入战斗，力争主动的走法。

10. 兵三进一　…………

红方如改走兵七进一，则卒7进1，双方各攻一翼，黑方速度领先。

10. …………　车8进6

黑方进车兵线，加快反击节奏，着法积极有力。

11. 马八进九(图66)　…………

如图66形势，黑方有三种走法：(一)炮7进4；(二)马3退4；(三)炮2进3。分述如下：

第一种走法：炮7进4

11. …………　炮7进4

黑方炮打三兵，威胁红方底相，对攻之着。

12. 马三退一　…………

红方退马捉车，意在弃子抢先。如改走相三进一，则马7进8，车四退一，炮7平3，车九平八，车1平2，车八进四，炮3退1，黑方反先。

12. ………… 车8平7

黑方平车，威胁红方底相。如改走车8进2捉马，则车四平三，炮7平3，车九平八，车1平2，炮五平三，马7退9，相七进五，炮3退1，仕六进五，车8平9，车三平一，车9平8(如炮2退1，则兵五进一)，车一进二，车8退2，车八进六，红方易走。

13. 车九平八 车1平2

14. 兵七进一 …………

红方巧渡七兵，发起攻击。

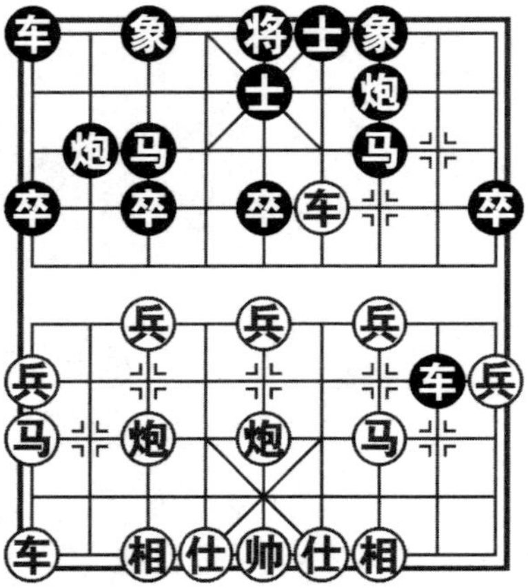

图66

14. ………… 炮2进6

黑方进炮压车，准备左移助攻。如改走炮2进4，则炮五退一，炮2平5，相三进五，车2进9，马九退八，红方优势。

15. 相三进一 …………

红方飞相，是化解黑方攻势的有力应着。

15. ………… 炮7平8

黑方平炮，准备沉底叫将作攻。如改走炮7退1，则兵七进一，炮2平8，兵七进一，炮8进1，相一退三，车2进9，马九退八，炮7进5，马一退三，车7进3，车四退四，象3进5，炮七退一，红方多子占优。

16. 兵七平八 车2进4

黑方升车巡河吃兵弃马，改进后的走法。如改走马7进8，则车四退四，炮8进4，马一退三，车2进4，炮七进五，象7进5，炮五进四，车2进1，马九进七，炮2平8，车八进四，车7进3，帅五进一，车7退1，帅五进一，车7退5，兵五进一，车7进1，帅五平六，红方多子胜势。

17. 炮七进五 炮8进4 18. 相一退三 …………

红方退相，正确的选择。如误走马一退三，则炮2平8，车八进五，车7进3，炮五平二，前炮平9，帅五进一，车7退2，炮二进六，炮9退1，帅五退一，车7进1，相七进五，车7平6，车八平三，车6退5，车三进二，炮9进1，帅五进一，车6进6，黑方胜势。

18. ………… 炮2平8

黑方平炮弃车，力争一搏。如改走车7进2捉马，则马九进七，炮2平9，车八进五，炮9进1(如车7进1，则车四平二)，炮五平三，车7退1，相七进五，红方得子占优。

19. 车八进五　车 7 进 3　　20. 炮五平二　前炮平 9
21. 炮二平一　炮 9 平 8　　22. 帅五进一　车 7 退 1
23. 帅五进一　马 7 进 8　　24. 车八平二　…………

红方以车换马，着法简明。

24. …………　前炮退 5　　25. 炮一进四

红方多子胜势。

第二种走法：马 3 退 4

11. …………　马 3 退 4

黑方退马，似与弃卒再进车兵线的思路不符。

12. 车九平八　…………

红方如改走炮五退一，则车 1 进 2，相三进五，炮 2 平 5，车四进二，车 1 平 4，车九进一，炮 7 平 9，炮五平三，车 4 进 5，车九平七，炮 5 进 3，仕四进五，卒 5 进 1，兵三进一，车 8 进 3，车四退八，车 8 退 1，车四平三，车 8 退 2，兵三进一，炮 9 平 7，马三进五，车 4 退 5，马五进三，马 7 进 5，马三退四，炮 7 进 7，车三进一，车 8 平 6，黑方易走。

12. …………　炮 2 平 5　　13. 仕四进五　炮 5 进 3
14. 炮五进一　马 4 进 5　　15. 相七进五　象 3 进 1
16. 马九进七　炮 5 退 1　　17. 兵七进一　…………

红方弃兵活马，力争主动的积极走法。

17. …………　象 1 进 3

黑方如改走卒 3 进 1，则马七进六，车 1 平 4，马六进七，红方主动。

18. 马七进六　车 1 平 4　　19. 炮七进一　车 8 进 2

黑方如改走车 8 进 1，则马三进四，也是红占主动。

20. 马六进七　车 4 进 2　　21. 车八进九　士 5 退 4
22. 车四进一　…………

红方进车士角捉马，可使中炮发挥威力，是扩大先手的有力之着。

22. …………　车 8 退 6

黑方如改走车 4 平 3，则车四平三，黑方中路受到威胁，也是红方优势。

23. 马七退九

红方优势。

第三种走法：炮 2 进 3

11. …………　炮 2 进 3

黑炮骑河瞄中兵，准备弃子取势，是应对红冲中兵再炮八平七变例的最佳应法。

12. 兵七进一　…………

红方七兵强进贪得一子，易为黑方所算。另有两种走法：①车九平八，炮2平5，仕四进五，车8平7，相三进一，马3退4，车八进五，马4进5，帅五平四，车1进1，车四退二，炮5退1，车八进四，车1平4，兵七进一，炮5平6，帅四平五，炮7平6，车四平八，后炮平8，前车平七，士5退4，兵七平六，车4进3，车七退三，炮8进5，兵三进一，炮6平5，车七退二，车7平4，车七平五，马5进3，车八进二，马3进4，炮七进七，士4进5，车八进三，炮5进3，相七进五，前车平7，兵三进一，象7进5，炮七平四，士5退4，炮四平六，红方大占优势；②炮五退一，马7进8，车四平三，马8退9，车三进一，炮2平5，相三进五，炮5进3，仕六进五，象3进5，马三进四，卒5进1，兵七进一，卒5进1，黑方反先。

12. …………　卒3进1　　13. 炮七进五　车1进2

14. 炮七退一　…………

红方如改走车九平八，则卒3进1，炮七退二，车8平7，马三退一，车1平4，黑方弃子夺势，足可一战。

14. …………　卒3进1　　15. 兵五进一　车8平7

16. 马三退一　炮7进4　　17. 车九平八　卒5进1

18. 炮五退一　车1平4　　19. 相七进五　炮7平5

20. 兵九进一　车7平1　　21. 马九退七　车4进6

22. 炮五进三　炮2平5　　23. 仕四进五　车1平9

24. 车四平三　车9进2　　25. 车三进一　象7进5

黑方优势。

第二节　黑进外肋马变例

第67局　黑外肋进马对红退车兵线（一）

1. 炮二平五　马8进7　　2. 马二进三　车9平8

3. 车一平二　马2进3　　4. 兵七进一　卒7进1

5. 车二进六　炮8平9　　6. 车二平三　炮9退1

7. 兵五进一　士4进5　　8. 炮八平七　炮9平7

9. 车三平四　马 7 进 8

黑方进外肋马胁车，也是一种常见的应法。

10. 车四退三　…………

红方退车兵线，稳健的走法。如改走兵七进一，则卒 7 进 1，车四平三，马 8 退 7，车三平四，卒 7 进 1，黑方易走。

10. …………　车 8 进 2

黑方高车保马，灵活的走法。如改走象 3 进 5，，则兵七进一，象 5 进 3，马八进九，马 8 进 7，车九平八，车 1 平 2，车八进六，红方主动。

11. 车九进一（图 67）…………

如图 67 形势，黑方有两种走法：（一）车 1 平 2；（二）马 8 进 7。分述如下：

第一种走法：车 1 平 2

11. …………　车 1 平 2

12. 兵七进一　…………

红方兵七进一，新的尝试。以往红方曾走车九平二，马 8 进 7，炮五进四，车 8 平 5，炮五平三，车 5 进 3，车二平五，车 5 进 3，仕四进五，象 3 进 5，炮三退三，炮 7 进 5，车四平三，红方大占优势。

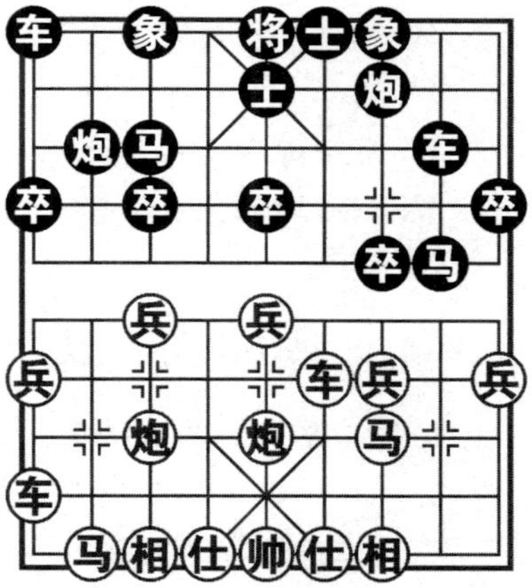

图 67

12. …………　卒 3 进 1

黑方如改走炮 2 进 5，则兵七进一，炮 2 平 5，相三进五，车 2 进 9，炮七进五，车 8 平 4（黑方应改走马 8 进 7，足可一战），车九平二，马 8 进 7，车二进五，卒 7 进 1，仕四进五，车 4 平 7，车四进五，车 7 进 2，马三进五，炮 7 进 1，马五进七，炮 7 平 5，马七进八，炮 5 进 3，车二平五，车 7 平 4，车四退二，车 4 退 3，炮七平三，卒 7 平 6，炮三进一，车 4 进 1，兵七进一，车 4 平 3，马八进七，车 3 退 1，炮三平七，红方胜势。

13. 车九平四　炮 2 退 1　　14. 兵五进一　炮 7 平 6

15. 后车平二　马 3 进 2　　16. 炮五进四　象 3 进 5

17. 马三进五　车 2 平 4　　18. 马五进六　炮 6 平 8

19. 马八进九　车 8 进 1　　20. 车二平四　车 8 平 5

21. 兵五进一　车 4 进 4　　22. 前车平五

红方易走。

第二种走法:马8进7

11. ………… 马8进7　12. 兵七进一　卒3进1
13. 车九平四　车1平2　14. 炮七进五　车8平3
15. 兵五进一　…………

红方如改走炮五进四,则士5进6,后车平六,车3进1,炮五退一,炮2进2,马八进七,炮2平5,兵五进一,士6退5,黑方易走。

15. ………… 车3平4　16. 马八进七　炮2平3
17. 兵五进一　将5平4　18. 炮五进一　车4进5
19. 炮五平六　将4平5　20. 炮六平五　将5平4
21. 炮五平六　将4平5　22. 炮六平五　将5平4
23. 炮五平六　车2进6　24. 炮六平三　车2平6
25. 车四进二　炮7进5　26. 车四平三　车4平3
27. 相七进五　车3平4　28. 仕四进五　车4退3

双方均势。

第68局　黑外肋进马对红退车兵线(二)

1. 炮二平五　马8进7　2. 马二进三　车9平8
3. 车一平二　马2进3　4. 兵七进一　卒7进1
5. 车二进六　炮8平9　6. 车二平三　炮9退1
7. 兵五进一　士4进5　8. 炮八平七　炮9平7
9. 车三平四　马7进8　10. 车四退三　车8进2
11. 马八进九(图68)　…………

如图68形势,黑方有两种走法:(一)车1平2;(二)马8进7。分述如下:

第一种走法:车1平2

11. ………… 车1平2　12. 车九平八　炮2进3

黑方进炮攻取中兵,是力争主动的应法。

13. 兵五进一　卒5进1　14. 兵九进一　…………

红方挺边兵逐炮,正着。

14. ………… 炮2进3　15. 马三进五　…………

红方如改走车四平五,则马8进7,炮五进三,象7进5,车五平四,车8进3,马九进七,炮2平8,车八进九,马3退2,车四进五,炮7进1,仕四进五,炮8退2,黑不难走。

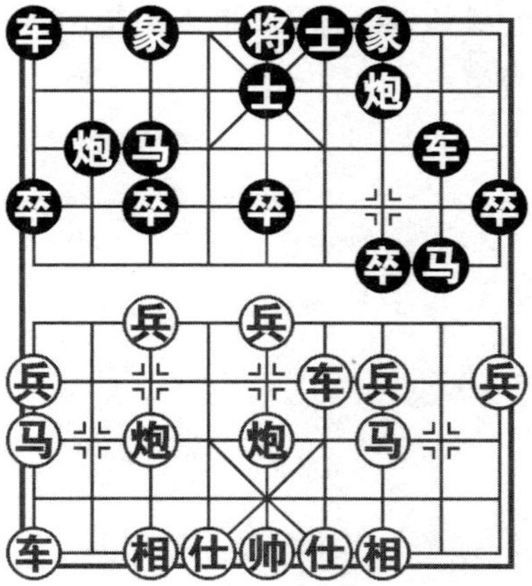
图 68

15. ………… 卒 5 进 1
16. 炮五进二 车 8 平 5
17. 炮七平五 炮 2 退 2
18. 前炮平三 炮 2 平 6
19. 炮五进五 象 3 进 5
20. 车八进九 马 3 退 2
21. 炮三进四 炮 6 平 9
22. 马五进四

红方易走。

第二种走法:马 8 进 7

11. ………… 马 8 进 7

黑方进马,牵制红方右翼。

12. 兵七进一 …………

红方弃兵,威胁黑方右马。如改走车九平八,则车 8 平 6,车八进三(如车四进四,则炮 2 平 6,兵七进一,卒 3 进 1,炮七进五,马 7 进 5,相三进五,炮 7 进 6,黑方多卒易走),车 6 进 4,车八平四,象 3 进 5,仕四进五,车 1 平 4,车四平八,炮 2 退 2,车八进四,炮 7 进 1,兵七进一,马 7 进 5,相三进五,卒 3 进 1,炮七进五,炮 7 进 5,车八退一,炮 2 平 3,炮七平九,车 4 进 6,炮九进二,士 5 退 4,车八平五,卒 9 进 1,黑方优势。

12. ………… 卒 3 进 1　　13. 车九平八 …………

红方如改走炮七进五,则车 8 平 3,炮五进四,车 3 平 5,兵五进一,炮 2 进 2,车四平五,车 1 平 2,车九平八,车 2 进 3,仕四进五,马 7 退 6,兵五平四,车 2 平 5,车八进五,前车进 3,马三进五,车 5 进 4,车八平七,象 3 进 5,车七退二,车 5 平 3,马九进七,炮 7 平 9,和势。

13. ………… 车 8 平 6　　14. 车八进三

红方主动。

小结:红冲中兵后平七路炮的目的在于对黑方右马施加压力,以辅助中炮过河车展开攻势。这种攻法曾在 20 世纪六七十年代一度流行,自 80 年代后开始衰落,主要原因是红方的急攻容易招致黑方的强烈反击,使得局势较为复杂,红方先手难以把握。本章列举了黑方的两种应法:第一种卒 7 进 1 弃卒加快反击节奏,是一种与红方有效抗衡的积极走法,将形成复杂的对攻局面,黑方第 11 回合炮 2 进 3 骑河瞄中兵,准备弃子取势,是应对红方冲中兵再炮八平七变例的最佳应法；第二种马 7 进 8 进外马胁车，红方有车四退三占先的手段，红方较为易走。

第六章　其　他　类

第一节　黑先平炮打车变例

第69局　红平肋车对黑跳外肋马

1. 炮二平五　马8进7　　2. 马二进三　车9平8
3. 车一平二　马2进3　　4. 兵七进一　卒7进1
5. 车二进六　炮8平9　　6. 车二平三　炮9退1
7. 兵五进一　炮9平7

黑方平炮打车急于反击，另辟蹊径。

8. 车三平四　马7进8(图69)

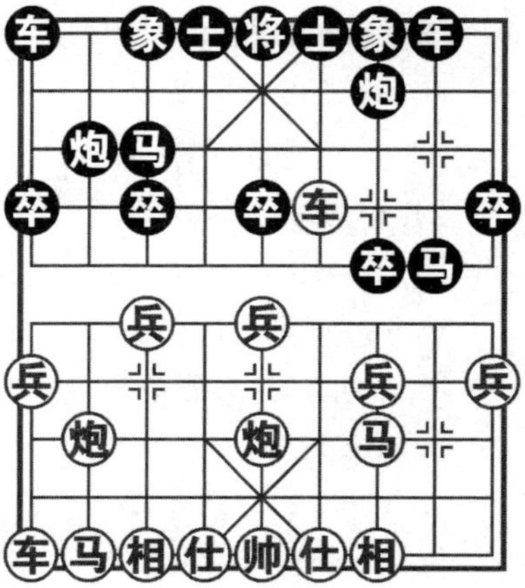

图69

黑方置红方中路威胁而不顾，径跳外马反击，新的尝试。如改走炮7平5，则马八进七，马7进8，车四退三，红方先手。

如图69形势，红方有两种走法：(一)车四进二；(二)兵五进一。分述如下：

第一种走法：车四进二

9. 车四进二　…………

红方进车捉炮，似无好处。

9. …………　炮7进1

黑炮不轻发，正着。如改走炮7进5，则马三进五，黑方左翼对红方没有有效牵制，中路空虚，不利。

10. 兵五进一　马8进7

黑方马踏三兵，威胁中炮，牵制了红方中路的攻势。

11. 车四退五　…………

红方退车别马，保持中路的进攻之势。

11. …………　士4进5　　12. 马八进七　…………

红方进马较缓，可考虑改走兵五进一开放中路，黑如马3进5，则马八进七，要比实战走法为好。

12. ………… 卒5进1　13. 马七进五 …………

红方如改走炮八进一，则马7退8，马三退五，卒7进1，车四平五，马8进6，炮五进三，象3进5，相三进五，炮7平6，炮八进一，车8进8，马五退三，车1平4，炮八平四，卒7平6，仕六进五，车4进4，车九平八，炮2退2，黑方大占优势。

13. ………… 象3进5　14. 马五进六　车1平3

15. 炮八平七　车8进3

黑方严阵以待，子力协调，多两个强卒前景乐观。

16. 车九平八 …………

红方如改走兵七进一，则马3进5借势腾挪，红也不利。

16. ………… 车8平4

黑方平车阻击红马，红方已是进退维谷，十分不利。

17. 马三进五　卒5进1　18. 炮五进二　车4进1

19. 炮五平三　车4进2

黑方进车牵制红方车马，终成红方致命的弱点。

20. 炮三进三　马7退8　21. 炮三平七　车3进2

22. 车八进五　卒3进1　23. 仕四进五　炮2平1

24. 炮七平五　车3退2　25. 兵七进一　炮1进4

26. 兵七进一　炮1平5

黑方多子大占优势。

第二种走法：兵五进一

9. 兵五进一 …………

红方冲中兵直攻中路，正着。

9. ………… 炮7平5　10. 马三进五 …………

红方如改走马八进七，则卒7进1，车四退一，马8进6，马三进五，炮5进3，仕六进五，马6进4，车九进一，炮2进2，车四进一，马4进2，炮五平八，卒7进1，相七进五，车1进1，车九平六，车8进2，炮八进一，车1平7，马五进六，车7平4，马七进五，卒3进1，和势。

10. ………… 卒7进1　11. 车四退一　卒7平6

12. 马五进六　马8退7　13. 车四退一　炮5进3

14. 仕六进五　马 7 进 5　　15. 相七进五　车 8 进 2
16. 马八进七　卒 3 进 1　　17. 兵七进一　炮 5 平 3
18. 车九平六　士 4 进 5　　19. 马七进五　马 3 进 4
20. 车六进五　象 3 进 5　　21. 车四进二　炮 2 平 1
22. 车四平五
红方易走。

第二节　红飞边相变例

第 70 局　红飞边相对黑挺卒吃兵

1. 炮二平五　马 8 进 7　　2. 马二进三　车 9 平 8
3. 车一平二　马 2 进 3　　4. 兵七进一　卒 7 进 1
5. 车二进六　炮 8 平 9　　6. 车二平三　炮 9 退 1
7. 兵五进一　士 4 进 5　　8. 兵五进一　炮 9 平 7
9. 车三平四　卒 7 进 1　　10. 马三进五　卒 7 进 1
11. 相三进一　…………

红方飞边相暂避七路炮锋芒，比较少见的走法。

11. …………　卒 5 进 1（图 70）

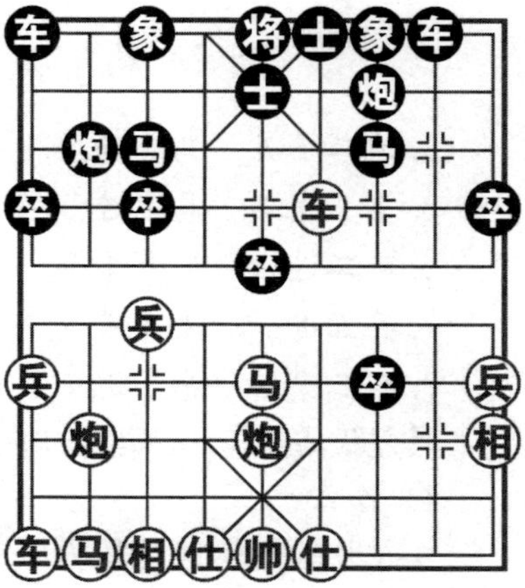

图 70

如图 70 形势，红方有两种走法：（一）马五进六；（二）马八进七。分述如下：

第一种走法：马五进六

12. 马五进六　马 3 退 4
13. 马六进八　…………

红方如改走马八进七，则马 4 进 5，马七进五，卒 5 进 1，炮五进二，车 8 进 4，马六退四，车 8 平 7，车九进一，炮 2 进 1，车四进二，炮 2 退 2，车四退二，炮 2 平 3，炮八平五，卒 7 平 6，马五退七，卒 6 进 1，黑方易走。

13. …………　车 1 平 2
14. 车四进二　炮 7 平 8

15. 车九进一　车2进1　　16. 车九平八　炮8进8
17. 相一退三　炮8平9　　18. 兵七进一　马4进5
19. 炮八进五　车2进1　　20. 兵七进一　马5进3
21. 车四退二　马3进4　　22. 炮五平八　车2平3
23. 前马进九　车3平2

黑方大占优势。

第二种走法:马八进七

12. 马八进七　卒5进1　　13. 炮五进二　象3进5
14. 炮八进四　车8进4　　15. 炮五平三　卒7平6

黑方平卒兑炮,抢先之着。

16. 炮三进四　卒6平5　　17. 车九进一　卒5平4
18. 车九平三　车8平5　　19. 仕四进五　马7进8
20. 车四平七　车1平3　　21. 马七进六　卒4进1
22. 车三进一　卒4进1　　23. 马六退五　马3进5
24. 车七进三　象5退3　　25. 相一退三　车5进2

黑方大占优势。

第三节　黑进马捉车变例

第71局　黑进马捉车对红平车捉炮

1. 炮二平五　马8进7　　2. 马二进三　车9平8
3. 车一平二　马2进3　　4. 兵七进一　卒7进1
5. 车二进六　炮8平9　　6. 车二平三　炮9退1
7. 兵五进一　士4进5　　8. 兵五进一　炮9平7
9. 车三平四　卒7进1　　10. 马三进五　马7进8

黑方跃马捉车,试探红方应手。

11. 车四平三　…………

红方平车捉炮,不为黑方所动。如改走车四退一,则卒7平6,相三进一,象3进5,兵五进一,马8进7,车四退一,马7进5,相七进五,马3进5,车四进二,马5进4,马八进七,马4进3,马五退七,车8进6,黑方反夺先手。

11. …………　马8退9

黑方退边马捉车，另辟蹊径。如改走马8退7，则车三平四，卒7进1，还原为常见变例。

12. 车三平四（图71） …………

红方平车肋道，不为弃卒所惑，机警的走法。如改走车三退二，则卒5进1，马五进六（如炮五进三，则象3进5，炮八平五，车8进3，黑方下伏马9进7反击手段），马3退4，炮八进三，马4进5，黑不难走。

如图71形势，黑方有两种走法：（一）卒7平6；（二）车8进8。分述如下：

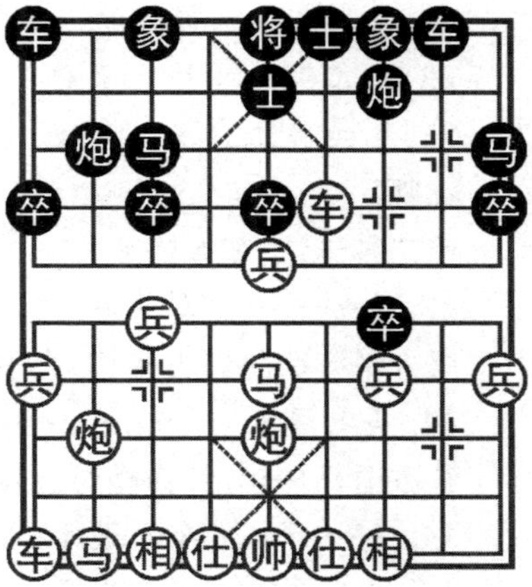

图71

第一种走法：卒7平6

12. ………… 卒7平6

黑方如改走卒7进1，则相三进一，纠缠中黑方左马屯边，显然不利。

13. 相三进一 卒5进1 14. 炮五进三 象3进5

黑方补右象，习惯性的走法。不如改走象7进5，较为顽强。

15. 炮八平四 …………

红方平炮催杀，黑如逃卒，则红有炮轰底士的凶着，紧凑有力的走法。

15. ………… 炮2退2

16. 马八进七 卒6平5

黑方如改走车8平4，则马五进四，炮7进3（如车8进3，则仕六进五，卒6进1，炮四平五，也是红方优势），炮五退四，以下红方伏有马四进六、车九平八等攻击手段，黑方难以应付。

17. 马五进三 车8进4 18. 车九平八 …………

红方趁机抢出左车，其势更盛。黑方不能接走卒5平6，否则车八进九，车1平2，车四进三，红方速胜。

18. ………… 炮2平4 19. 炮四进三 车8进3

20. 马三进二 炮4进2

黑方升炮防红挂角，无奈之着。如改走车8平3吃马，则炮四平三，黑方亦难应付。

21. 炮四进四 …………

红炮轰士，毁去黑方藩篱，加快了胜利的步伐。

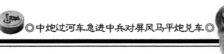

21.………… 车1进2　22.炮四退二　炮4平6
23.马二进四　炮7平6　24.马四退二　车8平3
25.车四进二　车3平4　26.车四平五
红胜。

第二种走法：车8进8

12.………… 车8进8　13.马八进七　卒7平6
黑方平卒威胁红方底相，力争主动的走法。
14.马七退五　…………
红方退马护相，针锋相对之着。
14.………… 卒5进1　15.炮五进三　象3进5
16.炮八平四　卒6平5　17.前马进三　炮2退2
18.车九平八　炮2平4　19.炮四进三　炮7进5
20.车八进三　炮7平5　21.炮五退二　卒5进1
22.车八平五
红方优势。

实战对局选例

第1局　广东吕钦(先负)黑龙江赵国荣

(1986年9月23日于杭州)

"青春宝杯"象棋大师邀请赛

1. 炮二平五　马8进7　　2. 马二进三　车9平8
3. 车一平二　马2进3　　4. 兵七进一　卒7进1
5. 车二进六　炮8平9　　6. 车二平三　炮9退1
7. 兵五进一　士4进5　　8. 兵五进一　炮9平7
9. 车三平四　卒7进1　　10. 马三进五　卒7进1

形成中炮过河车急进中兵对屏风马平炮兑车的阵势。黑方冲卒吃兵,伏有攻击红方底相的手段。如改走卒7平6,则车四退二,卒5进1,炮五进三,马3进5,车四进四,炮2退1,车四退二,象3进5,炮八平三,马7进8,车四平五,马8进6,马五进四,炮7进6,车九进二,马6进4,车九平六,马4退5,车五退一,炮7平8,车五平八,红方具有空间优势。

11. 马五进六　车8进8

黑方进车下二路寻求反击,积极有力之着。

12. 马八进七　象3进5　　13. 马六进七　…………

红方进马踩马,谋取实利,常见的走法。

13. …………　车1平3　　14. 前马退五　…………

红方退马踩卒保留实力,是比较稳健的走法。

14. …………　卒3进1

黑方冲3卒邀兑,准备打开红方七路线进行反击,是20世纪80年代中期一度流行的走法。

15. 仕四进五　车8进1　　16. 车九进一　卒3进1

17. 车九平六(图1)　马7进8

如图1形势,黑方进马逐车,是争先取势的佳着。由此,黑方弃子抢攻的战术获得成功。

18. 车四平三　马 8 退 9

黑方回马捉车，以退为进。是上一回合进马逐车的后续手段。

19. 车三退三　…………

红方如改走车三退二，则卒 3 进 1，马七进五，卒 7 平 6，红方难应。

19. …………　炮 7 进 8

20. 兵五平六　…………

红方如改走马七进五，则炮 7 平 4，仕五退四，炮 4 平 6，马五退三，车 8 平 7，黑方大占优势。

20. …………　车 3 进 3

21. 兵六进一　车 3 平 2

22. 车三进六　…………

赵国荣

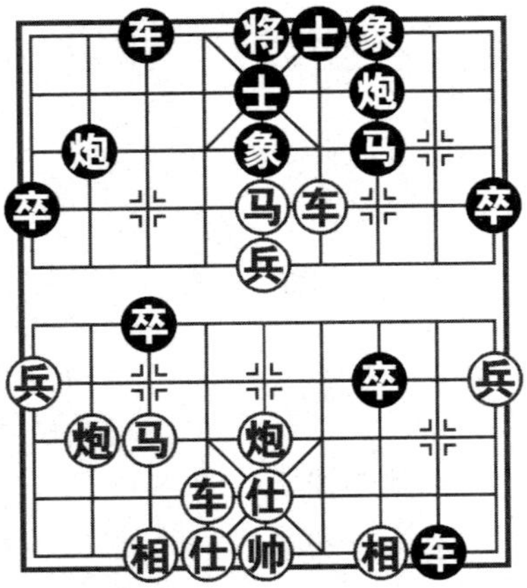

吕钦

图 1

红车吃象，志在一搏。如改走炮八进五，则炮 7 平 4，仕五退四，炮 4 平 6，炮八平一，炮 6 平 3，帅五进一，车 8 退 1，帅五退一，车 8 平 4，炮五进五，士 5 进 6，马五退三，炮 3 平 1，马三进四，将 5 平 4，帅五平四，象 7 进 5，黑胜。

22. …………　炮 7 退 4　　23. 仕五退四　象 5 退 7

黑方落车，正确。如误走炮 7 平 5，则马七进五，炮 5 进 2，马五进七，车 2 进 4，车三退七，车 2 退 2，车三平五，车 2 平 3，兵六进一，红方弃子占势。

24. 炮八进五　炮 7 进 4　　25. 仕四进五　车 2 退 1

26. 马五退三　…………

红方如改走马五进六照将，则车 2 平 5，车六平八，炮 7 平 4，仕五退四，炮 4 退 8，兵六进一，车 5 进 5，相七进五，士 5 进 4，黑方多子胜定。

26. …………　将 5 平 4　　27. 车六进四　炮 7 退 1

28. 仕五退四　炮 7 进 1　　29. 仕四进五　炮 7 平 4

30. 仕五退四　炮 4 平 6　　31. 兵六平七　士 5 进 4

32. 兵七平八　…………

红方如改走炮五平六，则炮 6 退 8，帅五进一，车 2 进 6，帅五进一，车 8 平 5，帅五平四，将 4 平 5，黑胜。

32. …………　炮 6 退 8　　33. 帅五进一　车 2 进 1

34. 车六进二　炮 6 平 4

至此，红方仕相残缺，难以防御黑方双车的进攻，黑胜。

第2局　天津徐健秒(先胜)江苏王斌

(2003年8月4日于浙江磐安)

"磐安伟业杯"2003年全国象棋大师冠军赛

1. 炮二平五　马8进7　　2. 马二进三　马2进3
3. 车一平二　车9平8　　4. 兵七进一　卒7进1
5. 车二进六　炮8平9　　6. 车二平三　炮9退1
7. 兵五进一　士4进5　　8. 兵五进一　炮9平7
9. 车三平四　卒7进1　　10. 马三进五　卒7进1
11. 马五进六　象3进5　　12. 马六进七　车1平3
13. 前马退五　车8进8　　14. 马八进七　卒3进1
15. 兵七进一　…………

红兵吃卒应兑，想必是有备而来。一般多走马七退五，卒3进1，炮八平六，演成一方多子、一方占先的各有顾忌的局面。

15. …………　马7进5(图2)　　16. 兵五进一　…………

如图2形势，红方弃相冲兵吃马，是新的尝试。以往曾走炮五进四，则炮7进8，仕四进五，车3进4，帅五平四，炮2退2，马七进八，炮7平4，仕五退六，卒7进1，马八退六，车3进2，车四退三，卒7进1，帅四平五，卒7平6，黑方抢攻在先。

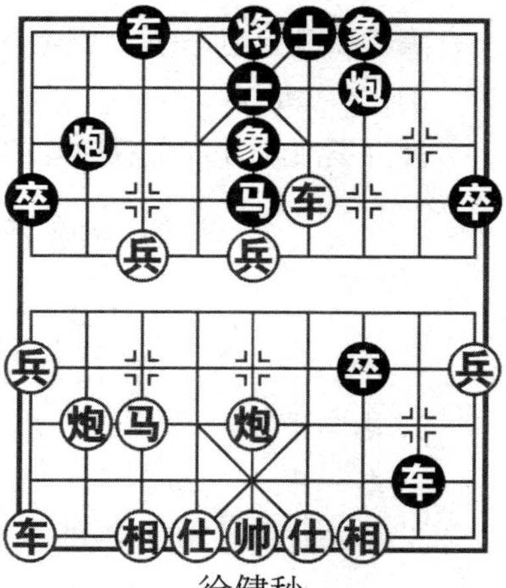

图2

16. …………　炮7进8

17. 仕四进五　车3进4

18. 炮八退一　…………

红方先退炮捉车，再升车保马，是冲兵吃马的续进手段，也是采用此变例的原因所在。如改走马七进五，则车8进1，黑方抢攻在前。

18. …………　车8进1

19. 车九进二　炮7平4

黑方打仕，力求一搏。如改走炮7退2，则仕五退四，炮7平3，兵五进一，象7进5，车九平八，也是红方大占优势。

20. 仕五退四　炮4退2

黑方如改走炮4退1，则兵五进一，象7进5，车九平八，炮2进6，车四平六，车3退4，车六退五，红也多子胜势。

21. 马七退六　炮4进1

黑方进炮，准备左移助攻。如改走炮4退1，则兵五进一，炮4平5，炮八平五，炮5进2，兵五进一，将5进1，车九平八，也是红方抢攻在先。

22. 兵五进一　象7进5　　23. 车九平八　炮4平7

24. 马六进七　炮2平4　　25. 车四平六　炮7进1

26. 帅五进一　炮4退2　　27. 车八进七　车3平5

黑垫中车，无奈之着。如改走炮4平3，则帅五平六，车3平5，车八平七，红方速胜。

28. 马七进六　车8退4　　29. 车六进二　…………

红方进车塞象眼，为车八平七和沉底炮助攻做好准备，是老练细腻的走法。如改走马六进四，则车8平3，马四进五，车3进3，车六退五，车5进3，帅五进一，车3平4，红方反有麻烦。

29. …………　车8平5　　30. 车八平七　后车平8

黑方如改走前车平4，则炮八进八，车4退4，车七退一，也是红胜。

31. 车七退二

黑方不敌红方双车双炮马的攻击，遂停钟认负。

第3局　重庆洪智（先胜）浙江于幼华

（2005年1月18日于广州）

第25届“五羊杯”象棋冠军邀请赛

1. 炮二平五　马8进7　　2. 马二进三　车9平8

3. 车一平二　马2进3　　4. 兵七进一　卒7进1

5. 车二进六　炮8平9　　6. 车二平三　炮9退1

7. 兵五进一　士4进5　　8. 兵五进一　炮9平7

9. 车三平四　卒7进1　　10. 马三进五　卒7进1

11. 马五进六　车8进8　　12. 马八进七　象3进5

13. 马六进七　车1平3　　14. 前马退五　卒3进1

15. 兵七进一　马7进5　　16. 兵五进一　炮7进8

17. 仕四进五　车8进1　　18. 车九进二　车3进4

19. 炮八退一（图 3） 炮 7 平 4

如图 3 形势，黑炮打仕，力求一搏，实战证明攻击速度不及红方。应改走象 5 退 3，红如接走炮八平七，则车 3 平 8，炮七进八，炮 2 进 7，车四退五，后车平 5，马七退八，炮 7 平 4，仕五退四，炮 4 平 2，帅五进一，车 5 平 3，对攻中，黑方占据主动。

于幼华

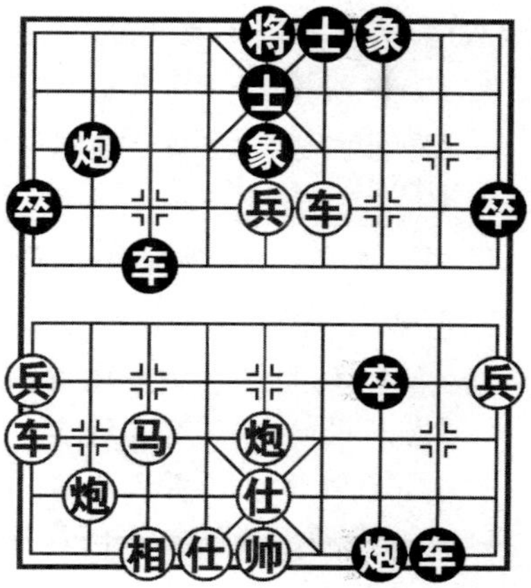

洪智

图 3

20. 仕五退四 炮 4 退 1

21. 兵五进一 象 7 进 5

22. 车九平八 车 8 退 2

黑方如改走炮 2 进 6，则车四平六，车 3 退 4，车六退五，红也多子胜势。

23. 车四平五 炮 2 进 6

24. 炮五进五 将 5 平 4

黑方如改走士 5 退 4，则炮五平六，士 6 进 5，车五进二，红胜。

25. 车八进七 将 4 进 1　　26. 车八退一 将 4 退 1

27. 炮五平三

红方平炮演成绝杀之势，黑遂停钟认负。

第 4 局　广东许银川（先胜）广东吕钦

（2005 年 1 月 16 日于广州）

第 25 届“五羊杯”象棋冠军邀请赛

1. 炮二平五 马 8 进 7　　2. 马二进三 车 9 平 8

3. 车一平二 卒 7 进 1　　4. 车二进六 马 2 进 3

5. 兵七进一 炮 8 平 9　　6. 车二平三 炮 9 退 1

7. 兵五进一 士 4 进 5　　8. 兵五进一 炮 9 平 7

9. 车三平四 卒 7 进 1　　10. 马三进五 车 8 进 8

11. 马八进七 …………

红方进左马，正常的走法。如改走兵五进一，局势更趋激烈复杂。

11. ………… 卒 7 进 1　　12. 马五进六 象 3 进 5

13. 马六进七 车 1 平 3　　14. 前马退五 马 7 进 8

黑方进马捉车，准备弃掉左炮，谋取红方左翼底车，是相对稳健的走法。如改走卒 3 进 1，则兵七进一，马 7 进 5，兵五进一，炮 7 进 8，仕四进五，车 3 进 4，炮八退一，车 8 进 1，车九进二，象 5 退 3，可演成各有顾忌的激烈对攻局面。

15. 车四平三　马 8 进 6　　16. 车三进二　马 6 进 4

17. 仕四进五　马 4 进 3　　18. 帅五平四　马 3 进 1

19. 车三退五　马 1 退 2

黑方以马换炮，旨在兑子简化局势。如改走车 8 退 3，则红有炮八进二，车 8 平 3，兵五平六，后车平 4，车三平四，车 4 进 4，马五进七，牵制黑车的手段。

20. 炮五平八　车 8 退 3　　21. 马七进五　车 3 平 4

22. 后马进三　炮 2 进 3　　23. 相七进五　车 4 进 3

24. 帅四平五　士 5 进 6

黑方如改走炮 2 平 7 打马，则相五进三，形成车马炮多兵对双车的局面，也是红方优势。

25. 马三进四　车 8 退 2(图 4)　　26. 车三平八　…………

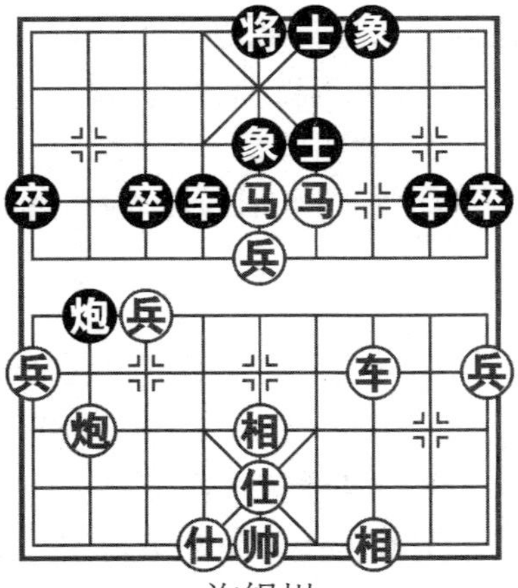

图 4

如图 4 形势，红方平车兑死黑炮，可使黑方失去还手之力，且红车通头后既可牵制黑方右翼底线，又能伺机进车卒林谋取黑卒，是大局感很强的选择。

26. …………　炮 2 进 2

27. 马四退三　车 8 退 2

28. 车八退一　车 8 平 4

29. 马三进二　士 6 进 5

30. 兵九进一　后车退 1

31. 车八进一　前车进 3

32. 车八进三　后车进 3

33. 车八进三　后车退 3

34. 车八退四　后车进 3

35. 兵一进一　…………

红方挺边兵，试探黑方如何应手，实战中常用的停着。

35. …………　前车平 5　　36. 兵五平六　车 4 平 5

面对红方平兵欺车的手段，黑方以车杀马，有欠冷静。不如改走车 4 退 3 防守，红如接走马五进三，则车 5 平 7，相五进三，车 7 进 3，仕五退四，车 4 平 3，兵六进一，车7退3，马二进三，将5平4，车八平六，车3进1，黑方虽然仍处被动，但要比实战走法好得多。

37. 车八进四　士5退4　　38. 马二进四　将5平6
39. 车八平六　将6进1　　40. 马四进二　象5进3

黑方如改走将6平5，则兵六进一，红也胜势。

41. 车六平三　将6平5　　42. 马二退四　…………

红方退马，牢牢地拴住黑方中路双车，黑方难以应付了。

42. …………　象3退1

黑方如改走将5平6，则马四进六，后车退2，兵六进一，红也胜势。

43. 兵六进一

黑方藩篱尽失，不敌红方车马兵的攻势，遂停钟认负。

第5局　河北申鹏(先胜)浙江于幼华

(2009年6月15日于湖南耒阳)

2009"蔡伦竹海杯"全国象棋精英邀请赛

1. 炮二平五　马8进7　　2. 马二进三　车9平8
3. 车一平二　马2进3　　4. 兵七进一　卒7进1
5. 车二进六　炮8平9　　6. 车二平三　炮9退1
7. 兵五进一　士4进5　　8. 兵五进一　炮9平7
9. 车三平四　卒7进1　　10. 马三进五　车8进8
11. 马八进七　卒7进1　　12. 马五进六　象3进5
13. 马六进七　卒7平8

黑方外肋平卒，新的尝试。

14. 仕四进五　车8进1

黑方沉车捉相，也是改进后的走法。如改走炮7进8，则炮八退一，车8进1，车九进二，车1平3，车九平八，炮2进6，车八退一，车3进2，兵五进一，炮7退6，车四退六，炮7进6，车四进八，炮7退4，仕五退四，炮7进4，仕四进五，炮7退5，仕五退四，象5退3，车八平三，红方优势。

15. 兵九进一　卒5进1　　16. 车九进三　…………

红方左车抢占兵线，可攻守两利。

16. …………　车1平3　　17. 前马进五　…………

红方舍马踩士，开始发起攻击。

17. ………… 士6进5　18. 车四进二　车3进2(图5)

由于红方左车占据通道，黑方没有了炮2退1打车的手段，只好升车保象了。

19. 车九平八　…………

如图5形势，红方平车兑炮，扩先取势的有力之着。黑如接走炮2进5，则炮五进五，车3平5，车八进六，士5退4，车四平六，红方抢攻在先。

于幼华

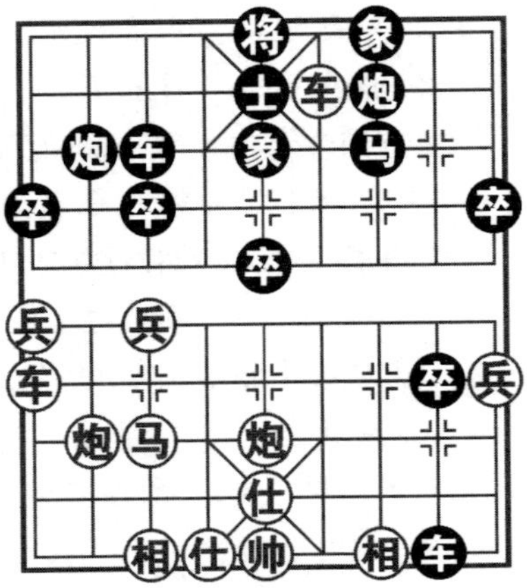

申鹏

图5

19. …………　车8平7
20. 仕五退四　车7退3
21. 炮五进一　…………

红方进炮避兑，紧凑有力的走法。

21. …………　炮2进5
22. 车四平三　马7进6

黑方如改走卒5进1，则车八进六，象5退3，炮五退二，红也大占优势。

23. 车三退五　卒8平7　24. 车八退一　卒3进1

红方谋得一子，为取胜创造了有利的物质条件。

25. 车八进七　士5退4　26. 炮五退二　马6进8

黑方如改走卒3进1，则车八退四，红也大占优势。

27. 马七进五　马8进6　28. 车八退三　卒3进1
29. 马五进四　卒3平4　30. 马四进二　车3退1
31. 车八平三　车3进7

黑方进车，保持对攻之势。如改走马6进5，则仕四进五，卒7平6，车三平九，红也胜势。

32. 车三进三　将5进1　33. 车三退一　将5退1
34. 车三退五　…………

红方退车吃卒，弃还一子，算准己方可用车马冷着的战术手段抢攻在先，简明有力的走法。

34. …………　马6进4　35. 炮五平六　车3平4
36. 仕四进五　马4退5　37. 马二进三　将5进1
38. 车三平八　将5平6　39. 车八平四　将6平5

40. 车四平八　将5平6　41. 车八平四　将6平5
42. 帅五平四　将5平4　43. 马三退五　…………

红方先手再擒一象，加快了胜利的步伐。

43. …………　车4平3　44. 马五进四　将4平5
45. 马四退三　将5平4　46. 车四进三　士4进5
47. 马三退五　将4退1　48. 车四平一　士5退6
49. 车一进三　将4平5　50. 车一平四　将5进1
51. 马五进三　将5平4　52. 车四退三　将4退1
53. 车四平六　将4平5　54. 车六平九　将5平4
55. 车九进三　将4进1　56. 车九退四

黑方藩篱尽失，不敌红方车马冷着的杀法，遂停钟认负。

第6局　河北苗利明(先胜)北京张申宏

(2005年3月23日于北京)

"威凯房地产杯"全国象棋排名赛

1. 炮二平五　马8进7　2. 马二进三　车9平8
3. 车一平二　卒7进1　4. 车二进六　马2进3
5. 兵七进一　炮8平9　6. 车二平三　炮9退1
7. 兵五进一　士4进5　8. 兵五进一　炮9平7
9. 车三平四　卒7进1　10. 马三进五　卒7进1
11. 马五进六　车8进8　12. 马八进七　象3进5
13. 车九进二　…………

红方这步高边车，是苗利明大师的新尝试。以往多走马六进七吃马，或马七进八"飞马献炮"，双方另有复杂攻守。

13. …………　马7进8

黑方跃马捉车准备弃炮谋取红方左车，是本变例谋求反击的常用手段，但此时跃马反击似有嫌过早，应改走车1平3先使右马生根，再伺机反击为宜。

14. 车四平三　马8进6　15. 车三进二　马6进4
16. 仕四进五　马4进3　17. 帅五平四　前马退1
18. 马六进七　卒5进1

黑方如改走马1进2，则兵五进一，马2退3，车三平四，红也大占优势。

19. 后马进五　车8退4

黑方退车保卒，只好如此。如改走车1平3，则马七进五，士6进5，炮五进三，红方胜势。

20. 相七进九　车1平3　　21. 马五进六　卒5进1

22. 兵七进一　…………

红方献兵，可使肋马“生根”，紧凑有力之着。

22. …………　卒7平6

黑方如改走车8平6，则帅四平五，卒7平6，炮八进三，黑方也难应付。

23. 车三平四　车8进5(图6)　　24. 马七进五　…………

如图6形势，红方舍马硬踩中士，为中炮轰象腾路，可谓一击中的！已令黑方顿感不支了。

张申宏

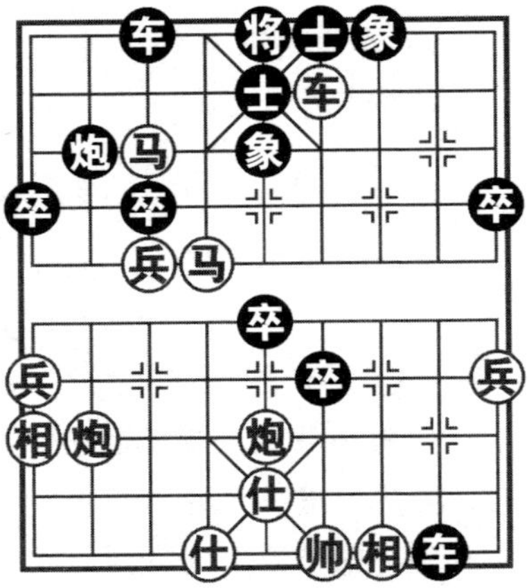

苗利明

图6

24. …………　车8平7

25. 帅四进一　士6进5

26. 炮五进五　士5进6

27. 炮五退一　炮2进1

黑方如改走车7退6，则炮八进四，黑方也难抵挡红方马六进五的凶着。

28. 炮五平八　卒5进1

29. 车四退一　车3进1

30. 马六退五

以下黑如接走卒6平5，则车四进二，红方抽车胜；又如改走车7退2，则车四退四，红方伏有车四进六和炮八平五的双重手段，黑方难以兼顾，黑遂停钟认负。

第7局　大连卜凤波(先胜)吉林陶汉明

(1997年8月15日于上海)

第4届“嘉丰房地产杯”象棋王位赛

1. 炮二平五　马8进7　　2. 马二进三　车9平8

3. 车一平二　马2进3　　4. 兵七进一　卒7进1

5. 车二进六　炮8平9　　6. 车二平三　炮9退1

7. 兵五进一　士4进5　　8. 兵五进一　炮9平7

9. 车三平四　卒7进1　　10. 马三进五　卒7进1

11. 马五进六　车 8 进 8　　12. 马八进七　…………

红方进左马，正着。如改走马六进七贪吃黑马，则卒 7 平 6，炮五进四，象 3 进 5，相三进五，马 7 进 5，马七退五，车 8 平 2，黑方易走。

12. …………　马 7 进 8

黑方此时进马再弃炮捉车，演变下去容易吃亏。不如改走象 3 进 5，红如马六进七，则车 1 平 3，前马退五，再马 7 进 8，车四平三，马 8 进 6，车三进二，马 6 进 4 为宜。

13. 车四平三　马 8 进 6　　14. 车三进二　马 6 进 4

15. 仕四进五　马 4 进 3　　16. 帅五平四　马 3 进 1

17. 马六进七　卒 5 进 1(图 7)　　18. 前马进五　…………

如图 7 形势，红方进马破士，毁去黑方藩篱，为取势创造有利条件。也可改走车三平四，黑如卒 7 平 6，则后马进五，车 8 退 4，炮八进三，卒 5 进 1，兵七进一，车 8 进 1，马五进七，卒 3 进 1，后马进五，卒 6 平 5，炮八退一，红方胜势。

陶汉明

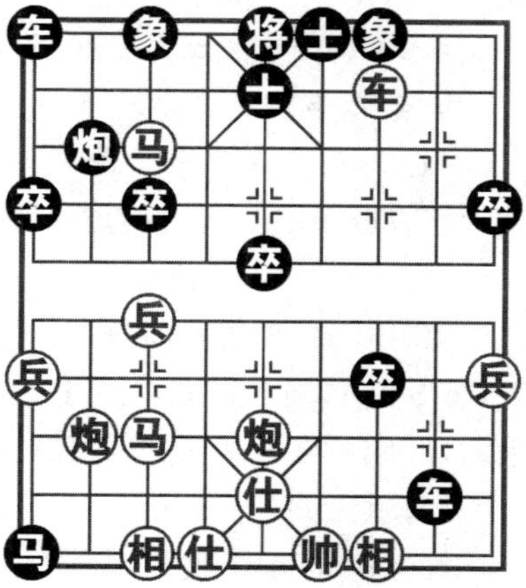

卜凤波

图 7

18. …………　象 3 进 5

19. 马五进三　车 8 退 8

黑方如改走马 1 退 2，则车三平四，红亦大占优势。

20. 炮八退二　车 1 平 4

21. 车三退五　车 4 进 3

22. 帅四平五　卒 5 进 1

23. 车三平八　炮 2 进 7

黑方如改走炮 2 平 4，则车八进六，炮 4 退 2(如将 5 进 1，则车八平四)，马三退四，将 5 进 1，车八退一，炮 4 进 1，车八退一，炮 4 进 1，马四退五，炮 4 退 1，马五进七，车 4 平 3，车八平五，将 5 平 6，车五退三，红亦胜势。

24. 马三退四　将 5 进 1　　25. 车八进五　车 4 退 2

26. 车八退八　车 8 进 2　　27. 马四退五　车 8 进 7

28. 车八平九　…………

经过一番激烈争夺，红方多子，已是胜券在握了。

28. …………　车 8 平 7　　29. 仕五退四　车 4 进 6

30. 车九进二　车7退3　　31. 车九平八　卒5进1
32. 仕六进五　车4退3　　33. 车八进六　车4退3
34. 车八退五　卒5平4　　35. 马五进七
红方得车胜定。

第8局　广东吕钦(先胜)辽宁尚威

(2001年8月15日于北京)
"派威互动电视"象棋超级排位赛

1. 炮二平五　马8进7　　2. 马二进三　车9平8
3. 车一平二　卒7进1　　4. 车二进六　马2进3
5. 兵七进一　炮8平9　　6. 车二平三　炮9退1
7. 兵五进一　士4进5　　8. 兵五进一　炮9平7
9. 车三平四　卒7进1　　10. 马三进五　卒7进1
11. 马五进六　车8进8　　12. 炮五退一　…………
红方退中炮拦车,新的尝试。
12. …………　象3进5
黑方补象,准备弃马争先。如改走马3退4,则车九进一,卒5进1,炮八平五,车8退4,马八进七,马4进5,马六进五,象7进5,车四进二,炮7退1,车九平六,形成一方多卒、一方占先的两分局势。
13. 兵七进一　…………
红方再弃七兵,使战况更趋激烈复杂,是退中炮的后续手段。如改走马六进七,则车1平3,马七退五,马7进5,黑方有攻势。
13. …………　马7进8
黑方也可改走卒3进1吃兵,红如接走马六进七,则炮2进1,车四退二,车1进2,形成一方多子、一方多卒占先的两分局面。
14. 车四平三　炮2退1　　15. 车九进一　马8进6
16. 兵五平四　…………
红方平兵邀兑黑马,可以消除黑方的反击之势,巧妙的构思。
16. …………　马6退4　　17. 兵七平六　…………
红方当然不能走炮五进六,否则马4退5,车九平二,马5进7,黑方得子占优。
17. …………　车8进1

黑方沉车底线暗保过河卒，失策。似不如改走车 8 退 4 为宜。

18. 炮八平七　卒 7 平 6　　19. 相七进五　车 1 平 4

20. 车九平六　…………

红方平车保兵，是控制局面的好棋。如改走炮七进五，则车 4 进 4，以下黑方伏有车 4 平 6、卒 6 进 1 等手段，红方反而麻烦。

20. …………　马 3 退 1

黑方可考虑改走卒 6 进 1 引离红炮，较为顽强。

21. 炮五进五　…………

红方中炮射出，既消除了己方窝心炮的弱点，又确立了镇中炮的攻势，还为过河双兵联手创造了有利条件，局势更加有利了。

21. …………　马 1 进 2　　22. 仕六进五　马 2 进 3

23. 车六进二　卒 3 进 1　　24. 炮七进三　炮 2 平 4

25. 车六平四　…………

红方乘机灭掉黑方的过河卒，已无后顾之忧了。

25. …………　车 4 平 2　　26. 马八进七　马 3 进 2

27. 车三进三　车 8 退 2　　28. 仕五进四　…………

红方扬仕拦车，细腻之着。如改走车四平八，则炮 7 进 8，相五退三，车 2 进 6，车三平八，车 8 平 3，黑有反击之势。

28. …………　车 2 进 3

29. 兵四平五　炮 4 平 2

30. 兵六进一　车 2 进 1

黑方如改走车 2 平 4，则车四平八，红方得子胜势。

31. 车四平七　马 2 进 1(图 8)

32. 炮七平六　…………

如图 8 形势，红方平炮催杀，放任黑马卧槽作攻，已算准己方有惊无险，在对攻中可捷足先登。

尚威

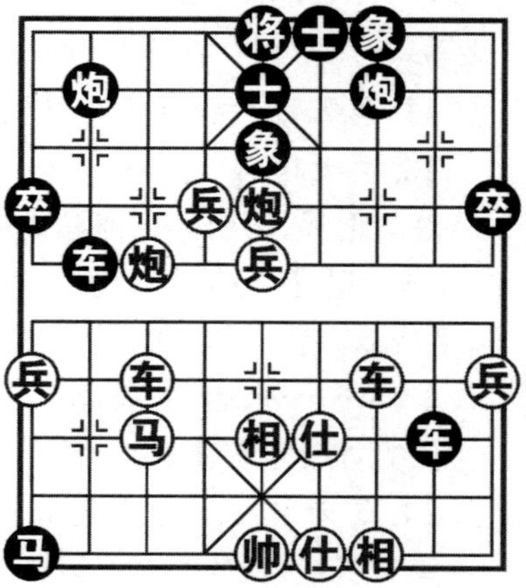

吕钦

图 8

32. …………　马 1 退 3

33. 帅五平六　…………

红方出帅解将，正着。如误走炮六退四，则车 2 进 5，帅五进一，车 8 进 1，炮六平二，炮 2 进 7，黑方反败为胜。

33. ………… 车 2 进 5　34. 帅六进一　炮 2 平 3

35. 车七平八　…………

红方如改走车三进五，也是胜势。

35. ………… 车 2 退 3　36. 车三平八　炮 3 平 2

37. 车八平七　炮 2 平 3　38. 马七进五　马 3 进 1

39. 车七平八　炮 3 平 2　40. 马五进三　车 8 退 2

41. 仕四进五

红方多兵占势且子力占位极好，黑方不敌，遂停钟认负。

第 9 局　江苏徐超(先负)浙江赵鑫鑫

(2010 年 8 月 19 日于苏州)

第 5 届"后肖杯"象棋大师精英赛

1. 炮二平五　马 8 进 7　2. 马二进三　车 9 平 8

3. 车一平二　马 2 进 3　4. 兵七进一　卒 7 进 1

5. 车二进六　炮 8 平 9　6. 车二平三　炮 9 退 1

7. 兵五进一　士 4 进 5　8. 兵五进一　炮 9 平 7

9. 车三平四　卒 7 进 1　10. 马三进五　卒 7 进 1

11. 马五进六　车 8 进 8　12. 炮五退一　象 3 进 5

13. 兵七进一　…………

红献七兵，可给红过河马更多的选择路线。如直接走马六进七吃马，则车 1 平 3，马七退五，马 7 进 5，相三进五，马 5 退 3，马八进七，车 3 平 4，黑可得回一子，形成双方各有顾忌的局面。

13. ………… 卒 3 进 1

黑方如改走车 1 平 3，则兵七进一，马 3 退 4，马八进七，红占主动。

14. 马六进七　炮 2 进 1　15. 车四退二　炮 2 退 2

黑方退炮，新的尝试。以往多走车 1 进 2，炮八平七，再炮 2 退 2，形成复杂的对攻局面。

16. 相三进五　卒 5 进 1　17. 炮八退一　车 8 退 2

黑方放弃中卒，有点可惜。可考虑改走车 8 退 4，红如接走炮八平七，则车 1 进 2，马八进九，车 1 平 2，形成红方多子、黑方多卒的两分局面。

18. 炮五进四　卒 7 进 1　19. 车四进三　…………

红方进车捉马，紧凑有力之着。

19. ………… 车8退2

黑方退车捉炮，无奈。如改走车8平7，则红方有炮八进六的手段，黑方难以应付。

20. 车四平三 车8平5 21. 车三退五 车1进2

22. 炮八平五 车5平6 23. 马七退五 炮7平8

24. 车三平二 炮8平9 25. 车二进一 炮2平3

26. 马八进七 车6退1

黑方如改走炮3进6，则红方有马五退六捉双的手段。

27. 马五退六 车1平2 28. 车九平八 …………

红方兑车有嫌保守，可考虑改走马七进五，似更易进取。

28. ………… 车2进7 29. 马七退八 卒3进1

30. 马六退七 …………

红方马六退七，失算！一步错棋葬送了好局。应改走马六退四，红方仍是多子占优。

30. ………… 车6平2

黑方抓住红方双马位置欠佳的弱点，乘机平车瞄马，可以追回一子。

31. 炮五平一 …………

红方如改走相五进七，则车2进6吃回一子。

31. ………… 车2进4

32. 马七进五 …………

红方如改走炮一进一，则车2进1，黑方也可得回一子。

32. ………… 车2进2

33. 车二进三 车2退5

34. 车二平九(图9) …………

红方车杀边卒，又是一步失招。如改走马五进七，车2平3，炮一平七，车3进1，相五进七，炮3进7，车二平一，炮9进5，车九退三，和棋。

34. ………… 炮3进8

赵鑫鑫

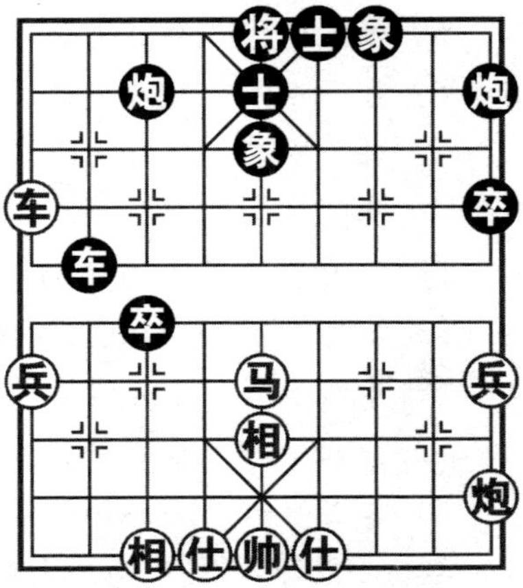

徐超

图9

如图9形势，黑方抓住红方的失误，乘机舍炮轰相采用先弃后取的手段，赚取一相，形成优势残局。

35. 相五退七　车2平5　36. 车九平一　车5进2
37. 炮一平五　炮9平8　38. 车一平二　炮8平7
39. 车二平三　炮7平8　40. 炮五进一　炮8进3
41. 车三退二　卒3进1　42. 车三平七　炮8平5
43. 仕四进五　车5平9　44. 帅五平四　车9平6
45. 帅四平五　卒3平4　46. 车七平五　炮5平9
47. 兵九进一　车6平8　48. 帅五平四　卒4平5
49. 炮五平八　卒5平6　50. 车五平四　炮9退2
51. 炮八平五　将5平4

黑方应改走车8进3，帅四进一，卒6平5，炮五平四，象5进3，让红帅不安于位，较易进取。

52. 车四平六　士5进4　53. 帅四平五　士6进5
54. 车六平一　炮9平7　55. 车一平三　炮7进2
56. 炮五进三　炮7平9　57. 车三平一　炮9平6
58. 车一平四　炮6平9　59. 车四平一　炮9平6
60. 仕五退四　卒6进1　61. 炮五平六　将4平5
62. 车一平四　炮6平5　63. 车四进一　车8平5
64. 仕六进五　卒6进1　65. 炮六退三　车5进2
66. 帅五平六　车5平3

黑方似应改走卒6进1，车四退五，车5平3，车四进五，车3进1，帅六进一，形成车炮士象全对车炮兵光帅的残局，要比实战走法容易进取。

67. 车四平五　车3进1　68. 帅六进一　车3平6
69. 炮六平四　车6平3　70. 兵九进一　车3退3
71. 车五平六　…………

红方平肋车，败招！应改走兵九平八，黑方难以取胜。

71. …………　车3进2　72. 帅六进一　车3进1
73. 帅六退一　车3平5

黑方车占中路，下伏车5退2再卒6平5的手段，形成巧胜。

第10局　黑龙江赵国荣(先胜)广东吕钦

(2006年3月10日于山东淄博)

第5届"嘉周杯"象棋特级大师冠军赛

1. 炮二平五　马8进7　2. 马二进三　车9平8
3. 车一平二　马2进3　4. 兵七进一　卒7进1
5. 车二进六　炮8平9　6. 车二平三　炮9退1
7. 兵五进一　士4进5　8. 兵五进一　炮9平7
9. 车三平四　卒7进1　10. 马三进五　车8进8
11. 炮五退一　…………

红方退中炮,另辟蹊径。如改走兵五进一,则卒7平6,双方另有复杂攻守。

11. …………　卒7进1　12. 马五进六　马3退4

黑方退马,避其锋芒。也可考虑改走象3进5,红如接走马六进七,则车1平3弃子争先。

13. 车九进一　卒5进1

黑方挺卒吃兵,虽可消除红炮打卒抽车的手段,但忽略了红方以后的一系列争先手段。可考虑改走车8退3,下伏马7进8的争先手段,较为含蓄多变。

14. 炮八平五　车8退4　15. 马八进七　…………

红方进马,正着。如改走车九平六,则卒7平6,相三进一,炮2进5,车四进二,炮2平9,后炮平一,车1进2,马六进八,车1平2,车四平三,车8平7,车六进七,车2进1,马八进七,炮9平3,车三进一,卒6平5,炮五平二,车7平8,车三退二,车8进3,车三退二,车8退4,黑方多子占优。

15. …………　车8平6

黑方如改走马4进5,则马六进五,象7进5,车四进二,炮7退1,车九平六,炮2平4,马七进八,也是红方优势。

16. 车四退一　马7进6　17. 后炮进四　马4进5
18. 车九平四　…………

红方平车捉马,紧凑有力之着。

18. …………　马6进8

黑方如改走马6退8,则车四进五,马8退6,马六进七,炮7进8,仕四进五,马6退8,红也大占优势。

19. 车四进五　马8进6　20. 仕四进五　马6进7

黑方如改走炮2平4，则后炮平四，将5平4，马六进七，将4进1，后马进五，红也胜势。

21. 帅五平四　卒7平6(图10)　　22. 后炮平三　…………

如图10形势，红方平炮催杀，巧妙一击！先手吃掉黑方过河卒，加快了胜利步伐。

吕钦

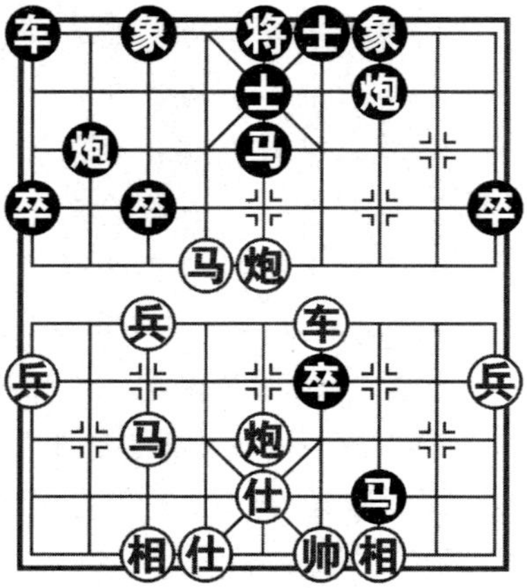

赵国荣

图10

22. …………　炮7平8
23. 车四退一　炮8退1
24. 车四平二　炮8平9
25. 车二平三　象7进9
26. 炮三平二　将5平4
27. 炮二平六　将4平5
28. 车三退二　…………

红方擒得一子，为取胜奠定了物质基础。

28. …………　车1平2
29. 炮六平二　炮2平4
30. 炮二进七　象9退7　　31. 车三平四　炮4退2
32. 车四进七　车2进1　　33. 车四平一　炮4进3
34. 车一进一　将5平4　　35. 车一退三　车2平4
36. 车一平五

黑方少子不敌，红胜。

第11局　河北陈翀(先胜)中盛东坡水泥洪智

(2010年4月15日于山西吕梁)

“北武当山杯“全国象棋精英赛

1. 炮二平五　马8进7　　2. 马二进三　车9平8
3. 车一平二　马2进3　　4. 兵七进一　卒7进1
5. 车二进六　炮8平9　　6. 车二平三　炮9退1
7. 兵五进一　士4进5　　8. 兵五进一　炮9平7
9. 车三平四　卒7进1　　10. 马三进五　卒7进1
11. 马五进六　车8进8　　12. 炮五退一　车1进2(图11)

黑方高两步边车，是步骗招！如果红方应对得当，黑方此路变化并不理想。

13. 车九进一　…………

如图 11 形势，红方车九进一，是一步争先的好棋！如急于走马六进七吃马，则炮 2 进 1，马七进八（如马七退五，则马 7 进 5，车四平三，车 1 平 7，黑方得回一子，主动），马 7 进 8，车四平三，车 1 平 6，黑方子力集结到红方左翼有攻势。

洪智

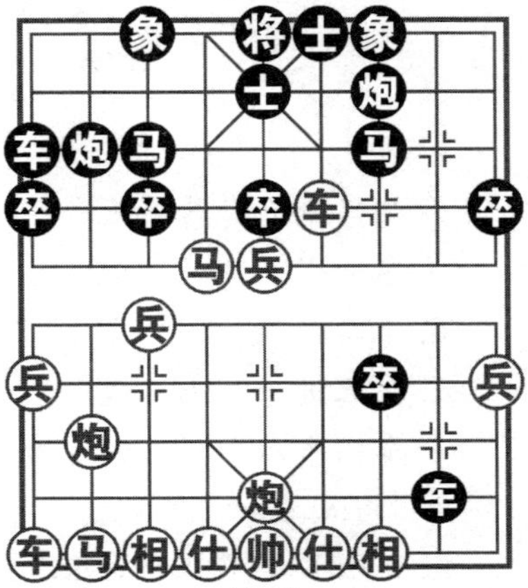

陈翀

图 11

13. …………　车 8 退 4

14. 马六进七　炮 2 进 7

15. 炮八进七　象 3 进 5

16. 车九平八　车 1 平 3

17. 车八退一　车 8 平 5

18. 车四进二　炮 7 平 9　19. 炮八平九　将 5 平 4

20. 相七进五　车 5 平 4　21. 炮五平二　…………

以上一段，红方先逼退黑车后，再吃马，经过一系列的子力转换，在黑方底线形成攻势。黑方虽然多卒，但子力位置有些别扭，面对红方双车双炮的两翼夹攻，应对起来比较困难。

21. …………　卒 7 进 1　22. 炮二进六　炮 9 进 5

黑方如改走车 4 平 8，则车四平一，车 8 退 2，车八进九，将 4 进 1，车一平三，车 3 平 4，仕六进五，黑方将位不安，以后红方有炮打士的手段，黑方也难以抵挡。

23. 车四退五　车 3 平 4

黑方如改走炮 9 进 2，则车四平八，黑方右翼空虚，也很难抵挡红方双车双炮的强大攻势。

24. 仕六进五　前车进 2　25. 车八进九　将 4 进 1

26. 炮二进一　士 5 进 6　27. 车八退一　将 4 退 1

28. 炮二平七

红方形成经典的”夹车炮“杀招，黑方只好投子认负。

第12局　浙江赵鑫鑫(先胜)浙江于幼华

（2010年8月22日于江苏常州）

第5届“后肖杯”象棋大师精英赛

1. 炮二平五　马8进7　2. 马二进三　车9平8
3. 车一平二　马2进3　4. 兵七进一　卒7进1
5. 车二进六　炮8平9　6. 车二平三　炮9退1
7. 兵五进一　士4进5　8. 兵五进一　炮9平7
9. 车三平四　卒7进1　10. 马三进五　卒7进1
11. 马五进六　车8进8　12. 仕四进五　…………

红方补仕，也属正常走法之一。

12. …………　卒7平6

黑方弃卒攻相，准备用沉底炮的攻势与红方对抗。如改走车8进1，则马六进七，卒5进1，马八进七，马7进8，车四平三，马8退9，车三退三，炮7进8，车九进一，象3进5，后马进五，车1平3，马七进五，士6进5，炮五进三，红方优势。

13. 车四退三　炮7进8　14. 马八进七　象3进5

黑方飞右象，改进后的走法。如改走车8进1，则车九进一，象3进5，马六进七，卒5进1，车九平六，车1平3，前马退五，炮7退2，车四退三，车8平6，帅五平四，炮7平3，马五进三，炮2平7，车六平七，炮7进5，炮五进五，象7进5，炮八平三，红方易走。

15. 车九进二　…………

红方高边车，含蓄有力的走法。

15. …………　车1平3　16. 马七进八　…………

红方进马兑炮，是车九进二的续进手段。

16. …………　炮2进5　17. 车九平八　车8进1

18. 炮五平三　…………

红方卸中炮，既防止黑方退炮抽车，又可遥控黑方底象，攻守两利之着。

18. …………　卒5进1　19. 车四进五　象5进7

黑方扬象，似不如改走马7进5，红如接走马八进七（如马六进五，则炮7平4，仕五退四，炮4退8，马五退三，车8退9，车四退三，形成两分之势），则卒5进1，马六进五，炮7平4，仕五退四，炮4退8，马五退三，车8退9，车四退三，演成双方各有顾忌的局面。

20. 相七进五　马 3 进 5　　21. 车四退二　炮 7 平 4

黑炮轰仕，新的尝试。以往黑方曾走炮 7 退 1，仕五退四，象 7 退 9，车八退一，车 8 退 1，相五退三，卒 3 进 1，炮三平五，卒 3 进 1，马八进九，红方稍优。

22. 仕五退四　车 3 平 4　　23. 马六进八　炮 4 退 4

24. 后马进七　炮 4 平 5　　25. 相五进三　车 4 平 3(图 12)

黑方平车，无奈之举。如改走车 4 进 8，则马八进七，马 5 退 4，炮三平六，红方抢攻在先。

26. 炮三进三　…………

如图 12 形势，红炮轰象，毁去黑方屏障，并可掩护七路兵过河保马，可谓恰到好处。

26. …………　车 8 退 9

黑方退车防守，逼走之着。如改走象 7 进 9，则马七进五，象 9 进 7，马八进七，车 3 进 1，车八进七，士 5 退 4，车八平六，将 5 进 1，马五进七，红方胜势。

于幼华

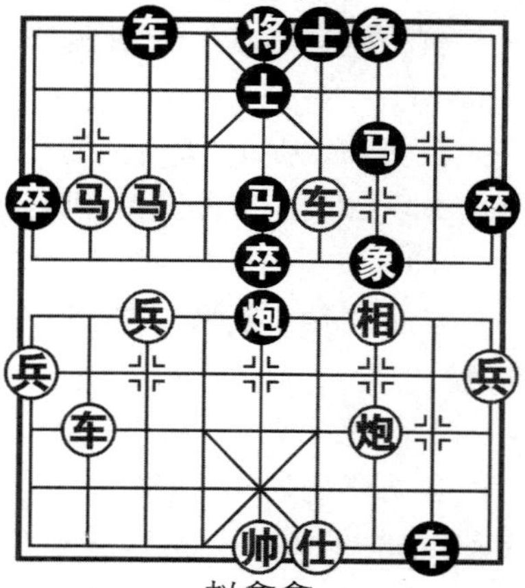

赵鑫鑫

图 12

27. 兵七进一　车 3 进 2

28. 车八进二　…………

红方进车瞄炮，消除黑方的反击隐患，细腻的走法。

28. …………　车 3 平 2　　29. 马七退五　象 7 进 9

30. 兵七进一　象 9 进 7　　31. 车八平五　车 8 进 6

32. 马五退七　车 8 平 4　　33. 车五进一

黑方不敌红方双车双马兵的联合攻击，遂停钟认负。

第 13 局　河北刘殿中(先负)广东杨官璘

(1983 年 11 月 22 日于昆明)

全国象棋个人赛

1. 炮二平五　马 8 进 7　　2. 马二进三　车 9 平 8

3. 车一平二　马 2 进 3　　4. 兵七进一　卒 7 进 1

5. 车二进六　炮 8 平 9　　6. 车二平三　炮 9 退 1

7. 兵五进一　士 4 进 5　　8. 兵五进一　炮 9 平 7

9. 车三平四　卒 7 进 1　　10. 马三进五　卒 7 进 1

11. 马五进六　马 3 退 4

黑方退马暂避锋芒，是近年来风行一时的走法。

12. 兵五进一　马 7 进 8　　13. 车四平三　…………

红方平车捉炮，易遭黑方反击。不如改走车四退四，或兵五平六为好。

13. …………　炮 2 平 7　　14. 马六进八　…………

红方跃马弃车扑槽，使局势更趋紧张复杂，是一决雌雄的走法。

14. …………　马 4 进 3　　15. 炮五平二　…………

红方卸炮捉车，迫使黑炮打车，以利卧槽抢攻，红方继续贯彻弃子攻杀的战术计划。如改走车九进一，则马 3 退 1，车九平二，卒 7 平 8，黑方优势。

15. …………　后炮进 2　　16. 马八进七　…………

红方当然不能炮二进七吃车，否则前炮进 6，仕四进五，后炮退 1，黑方稳占优势。

16. …………　将 5 平 4　　17. 炮二平六（图 13）…………

红方平肋炮叫杀，贯彻预定方案。如改走炮二进七，则车 1 进 1，黑方优势。

17. …………　马 8 退 6

如图 13 形势，黑方退马捉中兵巧妙解围，实战中弈来煞是精彩好看！如误走马 3 进 5 吃兵，则炮六进一绝杀，红胜。

杨官璘

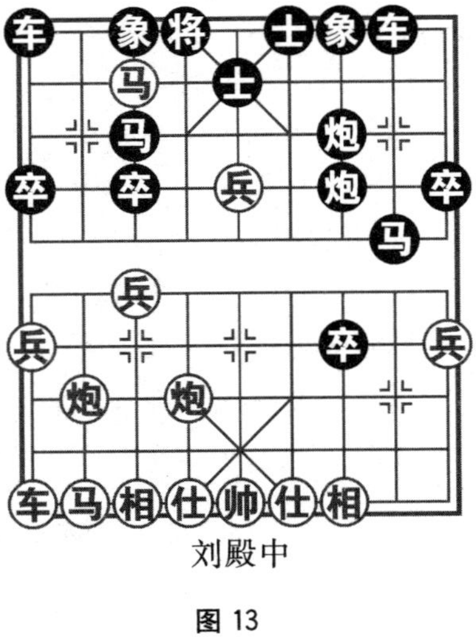

刘殿中

图 13

18. 炮六进二　…………

红方另有两种走法：①炮六退一，车 8 进 8，仕四进五，前炮平 5，帅五平四，炮 7 平 6，炮八平四，车 1 进 1，黑方多子胜势；②炮八退一，前炮进 6，帅五进一，车 8 进 8，炮八平二，车 1 进 1，兵五平六，马 6 进 4，兵六平七，后炮平 4，炮六进五，车 1 平 3，黑方少子得势占优。

18. …………　车 8 进 7　　19. 相三进五　前炮平 5

20. 仕六进五　马 6 进 5　　21. 炮六退三　…………

红方如改走马七进九，则车 8 退 3，马八进七，车 8 平 2，车九平八（如马七进八,则车2进1,炮六平八,马5进4,帅五平六,炮5平4,黑胜),车2退4,黑方多子胜势。

21.………… 炮5进4　22.帅五平六　马5进3
23.炮六进二　马3进2　24.帅六进一　炮5退2
25.车九进二　车1平2　26.炮八进二　车2进5

黑方弃车砍炮,简明的走法,如改走车8平1,则炮八平五,车2进6,也是黑方胜势。

27.车九平二　车2平3

黑胜。

第14局　黑龙江陶汉明(先负)湖北洪智

(2011年4月11日于江苏句容)

第3届"句容·茅山杯"全国象棋冠军邀请赛

1.炮二平五　马8进7　2.马二进三　车9平8
3.车一平二　马2进3　4.兵七进一　卒7进1
5.车二进六　炮8平9　6.车二平三　炮9退1
7.兵五进一　士4进5　8.兵五进一　炮9平7
9.车三平四　卒7进1　10.马三进五　卒7进1
11.马五进六　马3退4　12.兵五进一　马7进8
13.兵五平六　马4进5　14.车四平三　马8退7
15.车三平四　车8进4　16.马六退四　…………

红方如改走兵七进一,则卒3进1,炮八进三,车8平5,兵六进一,马5进4,车四进二,炮2进1,仕四进五,炮7平9,炮八平六,炮2平5,炮六退一,炮9进5,黑方优势。

16.………… 车8平6(图14)

黑方可改走车8进4,红方有仕四进五、马八进七、兵六进一等走法。

17.车四退一　…………

如图14形势,同样兑车,红方不如改走兵六平五,车6退1,兵五平四,黑方如仍马7进6,则不威胁红方过河兵,马八进七,红可一战。

17.………… 马7进6　18.炮八进四　…………

红方如改走兵六进一,则炮2进4,仕四进五,炮7进8,马四进二,炮2平5,黑方易走。

18. ………… 马6进4
19. 兵六进一 马4进5
20. 相七进五 士5进4

消灭红兵后，黑方净多一过河卒，已经反夺主动。

21. 马八进七 车1进1

黑方高横车，迅速攻击红方右翼，红方危机四伏。

22. 仕六进五 车1平6
23. 马四进二 马5进4
24. 炮八平一 车6进7
25. 相三进一 马4进3
26. 车九平六 马3进5
27. 车六进七 车6退4

洪智

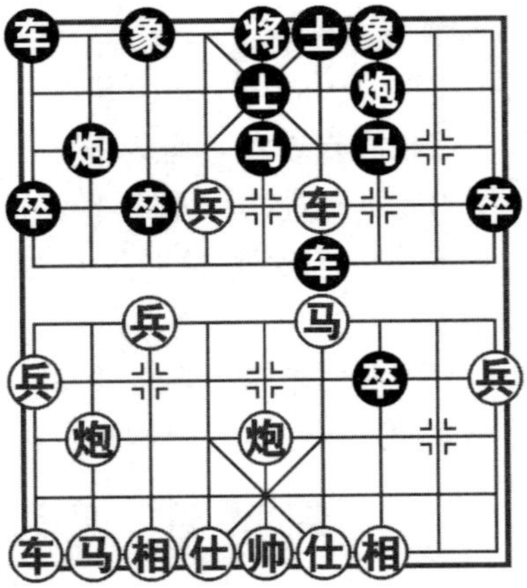

陶汉明

图 14

黑方出着又快又准，红方竟没有喘息的机会，见大势已去，遂投子认负。

第15局 上海孙勇征(先胜)黑龙江赵国荣

(2012年12月16日于广州顺德)

首届"碧桂园杯"全国象棋冠军邀请赛

1. 炮二平五 马8进7
2. 马二进三 车9平8
3. 车一平二 马2进3
4. 兵七进一 卒7进1
5. 车二进六 炮8平9
6. 车二平三 炮9退1
7. 兵五进一 士4进5
8. 兵五进一 炮9平7
9. 车三平四 卒7进1
10. 马三进五 卒7进1
11. 马五进六 马3退4
12. 兵五进一 马7进8
13. 车四退四 …………

红方退车仕角，放弃底相，继续保持中路攻势，简明的走法。

13. ………… 炮7进8
14. 仕四进五 马8进9
15. 兵五平六 …………

红方平兵叫将，让黑方定型。如改走车四平二，则车8进7，炮八平二，炮2平8，也是乱战之势。

15. ………… 马4进5
16. 车四平二 车8进7

17. 炮八平二　炮 2 进 4

黑方进炮兵线，反击有力之着！

18. 车九进二　炮 2 平 6　　19. 炮五进二　马 9 进 8

20. 相七进五　炮 7 平 9　　21. 兵六进一　车 1 平 2

黑方应改走炮 6 进 3，相五退三，炮 6 退 5，相三进五，卒 7 进 1，对攻中黑方易走。

22. 马六进四　车 2 进 9　　23. 马四进三　炮 6 退 5

24. 兵六平五　象 3 进 5　　25. 炮二进六　炮 9 平 4

26. 相五退七　炮 4 退 8　　27. 炮五平三　象 5 进 7

黑方如改走士 5 进 4，则炮三进五，将 5 进 1，车九平五，红方有攻势。

28. 仕五退六　马 8 退 9　　29. 车九平五（图 15）

图1·······

赵国荣

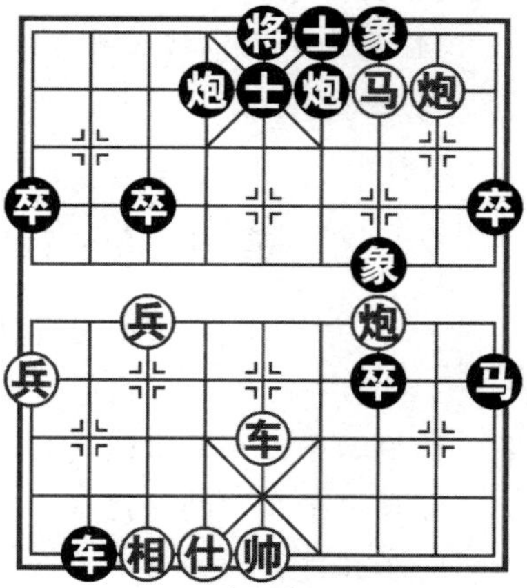

孙勇征

图 15

红方如改走炮二平四，则炮 4 平 6，车九平四，马 9 退 7，车四进六，将 5 平 4，车四退四，车 2 退 7，车四平三，车 2 平 7，马三进一，卒 7 平 6，仕六进五，卒 9 进 1，双方大体和局。

29. ………… 车 2 退 8

如图 15 形势，黑方退车，败着！可以走马 9 退 7 吃炮，炮二进一，将 5 平 4，车五进六，象 7 退 5，车五平四，炮 4 平 7，车四进一，将 4 进 1，车四退一，将 4 进 1，炮二退二，炮 7 进 1（如象 5 进 7，则车四退四，炮 7 平 4，车四进三杀），车四退四，将 4 退 1，车四平六，将 4 平 5，车六平三，车 2 退 5，车三进三，车 2 平 5，仕六进五，象 5 进 7，马三进一，将 5 退 1，车三进一，将 5 进 1，黑方优势。

30. 炮二进一　炮 4 进 5　　31. 马三退四　马 9 退 7

32. 马四进六　将 5 平 4　　33. 马六进八　炮 6 平 2

34. 车五进六　…………

红方抓住黑方退车的问题手，步步紧逼，迫使对手一车换双。黑方在子力数量上不吃亏，但子力分散，难抵挡红方强烈的攻势。

34. ………… 炮 2 进 4

无奈，如让红方车五退四捉马叫杀这步棋走出来，黑方立刻认负。

35. 车五平八　炮 4 退 1

黑方如改走卒 7 进 1，则车八退四，马 7 进 6，帅五进一，炮 4 平 8，车八进五，将 4 进 1，车八平四，马 6 进 7，车四退九，马 7 退 6，车四平二，炮 8 进 1，炮二退三，黑方无法解杀，输定。

36. 兵七进一　炮 2 平 3　　37. 车八平四　卒 7 进 1

38. 车四进一　将 4 进 1　　39. 车四退一　将 4 进 1

40. 兵七进一　…………

红方将“车”这个兵种横扫千军的特点发挥得淋漓尽致，现红兵已到位，将抢先攻杀。

40. …………　马 7 进 6　　41. 帅五平四　将 4 平 5

42. 兵七平六　马 6 进 4　　43. 仕六进五　卒 7 进 1

44. 兵六平五　将 5 平 4　　45. 车四退五　炮 3 进 3

46. 车四平六

红胜。

第 16 局　江苏李群(先负)广东吕钦

(2008 年 11 月 11 日于广东顺德)

全国象棋个人赛

1. 炮二平五　马 8 进 7　　2. 马二进三　车 9 平 8

3. 车一平二　马 2 进 3　　4. 兵七进一　卒 7 进 1

5. 车二进六　炮 8 平 9　　6. 车二平三　炮 9 退 1

7. 兵五进一　士 4 进 5　　8. 兵五进一　炮 9 平 7

9. 车三平四　卒 7 进 1　　10. 马三进五　车 8 进 8

黑方此时车 8 进 8，新的尝试。一般多走卒 7 进 1，马五进六，再车 8 进 8，双方另有复杂攻守。

11. 马八进七　卒 7 平 6

黑方平卒，是先走车 8 进 8 的连续手段。如改走卒 7 进 1，则还原成常见变例。

12. 兵五平四　…………

红方平肋兵，不落俗套。以往多走车四退二，卒 5 进 1，炮五进三，象 3 进 5，马七进六，炮 2 进 3，马五退七，炮 2 平 4，马七进六，车 1 平 2，炮八平三，车 2 进

4,车四平五,马7进8,炮三进六,马8进7,车五退三,车8平5,仕六进五,车2平5,双方大体均势。

12.………… 马7进8

黑方如改走象3进5,则炮五平三,马7进8,兵四平三,马8进9,车四退二,纠缠中红仍持先。

13.兵四平三 马8进7 14.车四平三 …………

红方平车捉炮,失策。应改走车四退二吃卒,黑如接走象3进5,则炮五平三,纠缠中红方仍持先手。

14.………… 卒6平5

黑方献卒兑马,简明的走法。交换之后红车低头,黑可对抗。

15.车三进二 前卒进1 16.马七进五 象3进5

17.仕六进五 …………

红方补仕,嫌缓。应改走马五进六为宜。

17.………… 车1平4 18.炮八平九 炮2退1

19.车三退二 车4进6

20.马五进三 …………

红方应改走车九平八抢出左车,黑如接走炮2平4(如炮2进5,则马五进六),则马五进四,要比实战走法为好。

20.………… 车8平7

21.车九平八 炮2平4

22.车三平四 …………

红方如改走兵三平二,则炮4进4,兵二进一,炮4平5,马三进四,炮5进1,马四退三,炮5进2,黑方也大占优势。

22.………… 炮4进4

23.车八进七(图16) …………

吕钦

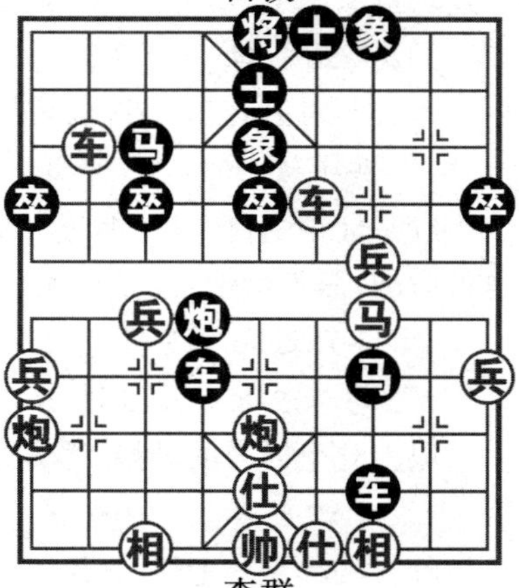

李群

图16

红方进车捉马,速败之着。可改走车四退二,较为顽强。

23.………… 马7退5

如图16形势,黑方一着回马金枪,巧妙捉双,顿令红方难以兼顾了。

24.马三退四 车4进3

红如接走帅五平六(如仕五退六,则马5进4杀),则马5进4,马后炮杀。

第17局　广东吕钦(先负)浙江赵鑫鑫

(2007年9月15日于呼和浩特)

全国象棋个人赛

1. 炮二平五　马8进7　2. 马二进三　卒7进1
3. 车一平二　车9平8　4. 车二进六　马2进3
5. 兵七进一　炮8平9　6. 车二平三　炮9退1
7. 兵五进一　士4进5　8. 兵五进一　炮9平7
9. 车三平四　卒7进1　10. 兵三进一　…………

形成中炮过河车急进中兵对屏风马平炮兑车的阵势。红方兵三进一吃卒，是广东队喜用的走法；另一种流行的走法是马三进五，卒7进1，马五进六，车8进8，形成另一种格局。

10. …………　象3进5

黑方飞象固防，稳健的走法。如改走车8进6，则马八进七，红方双马将顺利连环盘头而上，形势乐观。此时另一路重要变化是卒5进1。

11. 兵五平四　车8进6　12. 兵四平三　卒3进1

黑方此时另有车8平7、马7退9等走法，均有复杂变化。

13. 兵七进一　车8平3　14. 炮八平六　炮2退1

红平仕角炮，伏有车四进二捉炮的手段；如改走前兵进一，则马7退9，黑方也可应战；黑先退炮，预作防范，应对十分稳健。

15. 车九进二　车3退2　16. 车九平七　车3进3
17. 马八进七　马3进4　18. 车四退三　车1平3

以上几个回合的转换，黑方显占便宜；对局至此，黑方已呈反先之势。

19. 车四平六　…………

红方如改走马七进六，则车3进5，也是黑方易走。

19. …………　马4进3

20. 炮五平四　象5进7

21. 兵三进一(图17)　炮7进3

如图17形势，黑方果断地以一象兑掉了红方两个过河兵，并使7路炮发挥了威力，走法十分简明有力。

22. 仕四进五　马7进6

23. 马七退九　…………

因黑方伏有炮 2 进 5，车六进五，炮 7 退 3 打死车的手段，吕钦略加思索，走了退马防守之招。

23. ………… 炮 2 平 1

24. 炮六平七 炮 1 进 5

25. 炮七进七 炮 1 平 4

26. 马三进四 …………

红方可考虑改走炮四平八，先杀一手，试探黑方如何应对。

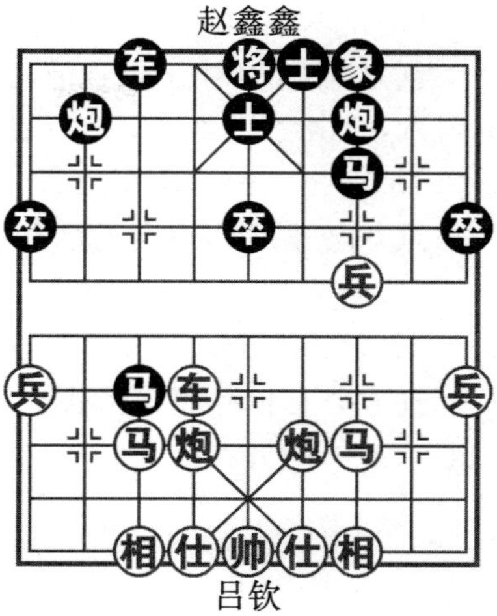

图 17

26. ………… 炮 4 平 5

27. 相三进五 马 6 进 4

28. 马九进七 炮 5 退 2

29. 马七进九 马 4 进 2

30. 炮四退一 马 3 退 5　　31. 马九退八 炮 5 平 2

32. 炮七平八 炮 2 进 4　　33. 炮八退八 马 5 退 3

34. 兵一进一 卒 5 进 1

黑方虽少一象，但多二卒且黑双马占位较好，占有主动。

35. 炮四平三 炮 7 平 6　　36. 马四退三 象 7 进 5

37. 马三进二 炮 6 平 8　　38. 炮三平一 卒 5 进 1

39. 炮一进五 马 2 进 3　　40. 帅五平四 卒 5 平 6

41. 马二进四 象 5 退 7　　42. 炮一平二 炮 8 平 7

43. 炮二平三 卒 6 进 1

黑方冲卒，急躁。可改走士 5 进 4 再士 6 进 5 调整阵形，伺机进取为宜。

44. 炮三平四 卒 6 平 5　　45. 马四退五 …………

红方白白吃掉黑方过河卒，使局势有了转机。

45. ………… 后马进 5　　46. 炮四退五 马 3 退 4

47. 炮四平三 象 7 进 5　　48. 仕五进六 …………

红方可即走马五进三，黑如接走炮 7 平 6，则帅四平五，要好于实战。

48. ………… 炮 7 平 5　　48. 马五进三 炮 5 平 6

50. 马三进二 炮 6 进 1　　51. 马二进三 …………

红方如改走仕六进五，则马 5 进 6，炮三平四，马 6 退 7，黑有“抽马”的手段。

51. ………… 炮 6 退 4　　52. 马三退一 马 4 退 6

53. 炮八平四　…………

红方兑炮，忙中出错，连败之着。应改走帅四平五，黑如接走马5进4，则炮八平六，快棋之中，红方尚有一战。

53. …………　马6进5　54. 帅四平五　前马进7

黑方谋得一子，奠定了胜利的基础。

55. 帅五进一　马5进7　56. 炮四进五　前马退6

57. 帅五平六　马6退5

红方少子不敌，遂停钟认负。

第18局　上海谢靖（先胜）广东吕钦

（2012年9月25日于浙江温岭）

第2届"温岭·长屿硐天杯"全国象棋国手赛

1. 炮二平五　马8进7　2. 马二进三　车9平8

3. 车一平二　马2进3　4. 兵七进一　卒7进1

5. 车二进六　炮8平9　6. 车二平三　炮9退1

7. 兵五进一　士4进5　8. 兵五进一　炮9平7

9. 车三平四　卒7进1　10. 兵三进一　象3进5

11. 兵五平四　车8进6　12. 兵四平三　卒3进1

13. 兵七进一　车8平3（图18）　14. 前兵进一　…………

如图18形势，红方前兵进一，最近出现的新颖走法。以往多走炮八平七，黑方以下有两种走法：①象5进3，车四进二，炮2退1，车四退一，象3退5，车四平三，马3进2，黑方弃子抢攻；②炮2进1，车四退二，车3退2，炮七进五，车3退2，双方互缠。

14. …………　马7退9

黑方可考虑改走车3退2，前兵进一，马3进4，车四平五，炮2平7，弃子反击。

15. 炮八平六　车3进3

16. 炮六平七　马3进2

17. 兵七平八　车1平4

18. 仕四进五　车3平2

黑方如改走炮2进7，则炮七平六，车4进6，炮五进一，黑方以下有两种走法：①车4平1，相三进五，车3平4，帅五平六，车1进3，车四平五，红方优势；

②车4平2，车四进二，车3退6(如炮7进4，则相三进五，红方优势)，车九平八，车2进3，车四平三，卒5进1，车三平一，红方多子大占优势。

吕钦

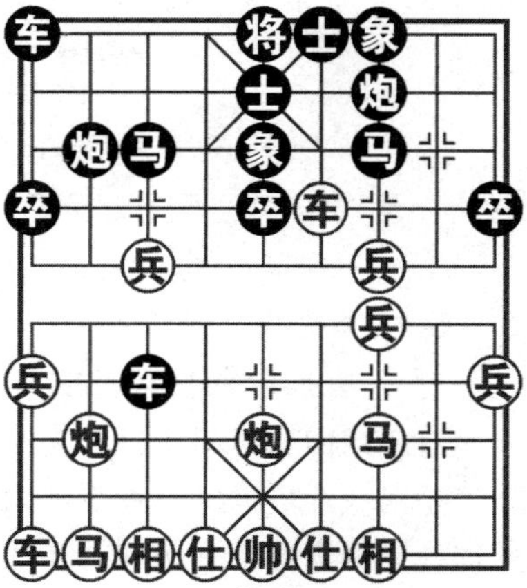

谢靖

图 18

19. 车九进二　炮2退1

20. 车四平五　车2退5

21. 炮五进一　…………

红方三路过河兵非常厉害，克制住黑马，对全局有着决定性作用。中炮抬一步，可补起中相构成稳正棋形，由此确定优势局面。

21. …………　炮7进4

22. 相三进五　…………

红方如选择炮七平五则比较凶悍，不过情况比较复杂，飞相是比较简明的走法。

22. …………　炮7进1　　23. 车五平四　车4进4

24. 炮七平六　…………

红方也可以改走炮七进七，炮2退1，炮七退一，炮2进1，车九平七，红方优势。

24. …………　车4平7　　25. 车九平七　车2平5

26. 车七平八　炮2进3　　27. 车四平九　炮2平4

黑方如改走炮2进2，则车九进三，士5退4，相五退七，红方下一步炮六平五，黑方难以应付。

28. 车八进七　炮4退4　　29. 车九平六　炮4平3

30. 炮六进三　…………

红方进炮轰车，给黑方致命一击。

30. …………　炮7退3　　31. 炮六平三　炮7进4

32. 车六进二

红胜。

第19局　湖北党斐(先负)北京蒋川

(2012年3月20日于湖南耒阳)

第2届"蔡伦竹海杯"全国象棋精英邀请赛

1. 炮二平五　马8进7　2. 马二进三　车9平8
3. 车一平二　马2进3　4. 兵七进一　卒7进1
5. 车二进六　炮8平9　6. 车二平三　炮9退1
7. 兵五进一　士4进5　8. 马八进七　…………

双方以中炮过河车进中兵对屏风马平炮兑车列阵。红方冲中兵直攻中路，本来是对攻性极强的一种变例，但此时红方没有续走常见的兵五进一急进，而是选择马八进七相对缓和的走法。

8. …………　炮9平7　9. 车三平四　马7进8
10. 马三进五　卒7进1　11. 车四平三　马8退7
12. 车三平四　卒7进1　13. 相三进一　象3进5

黑方此时也可考虑改走车8进8的走法，双方另有不同攻守。

14. 炮八平九　…………

红方如改走兵五进一，则卒5进1，马五进六，车1平3，炮八平九，卒3进1，车四平七，马3进5，车七进三，象5退3，车九平八，炮2退1，炮九进四，马5进7，炮九进三，象3进5，车八进六(如马六进五，则象7进5，炮五进五，士5进4，车八进八，前马进6，仕六进五，车8进3，仕五进四，炮7平9，兵七进一，卒7进1，对攻中黑方易走)，前马进6，仕六进五，车8进5，黑方足可一战。

14. …………　车8进4　15. 车九平八　炮2退1
16. 炮九退一　卒3进1　17. 兵五进一　…………

红方可改走车八进七，黑如接走马3进4，则兵五进一，马4进5，马七进五，卒7平6，车四退三，卒5进1，马五进六，车8平6，车四平二，车6平8，车二进二，马7进8，马六进五，象7进5，炮五进五，将5平4，兵七进一，红方弃子夺势。

17. …………　卒5进1　18. 兵七进一　卒5进1
19. 炮五进二　车8平3　20. 炮九平七　车3平5
21. 炮七平五　…………

红方如改走炮七进六，则黑方有马7进8的手段，红方不利。

21. …………　车5平3　22. 后炮平七　车3平5

23. 炮七平五　车5平3　　24. 马七进六　炮2平3

黑方如改走车1平4，则马五退七，车3进2，后炮平七，车4进5，炮七进二，车4平5，仕六进五，马3进5，黑方一车换双，形势不错。

25. 马五退七　车3平4　　26. 车八进七　马7进8

27. 前炮平三　马3进5　　28. 炮五进六　象7进5

29. 车四平五　马8进6　　30. 车五进一　…………

红车贪象，招致黑方的强烈反击。应改走车五退二，马6退7(如炮3进4，则车五退一)炮三进四，炮3平7，车八退一，车4平5，车五退一，车5进2，马七进五，马7进5，马六进七，红方尚可抗衡。

30. …………　马6进4　　31. 相七进五　…………

黑马左右逢源，非常厉害。红方如改走车八退六，则炮3进5，炮三平二，炮7平8，红方以下有两种走法：①马六退八，炮3进3，仕六进五，车1平3，车五退五，炮3平1，黑有攻势；②马六进八，马4进6，车八平四，炮3进3，仕六进五，马6退4，马七进六，炮3退4，车四进四，马4进3，帅五平六，车1平4，车四平六，车4进4，炮二平七，车4平2，黑有攻势。

31. …………　马4进6　　32. 帅五进一　车4平8

33. 车五平二　车8退2

34. 车八平二　车1平2

红方虽然兑掉黑方明车，但黑方1路车顺势开出叫杀，红方也是难以招架。

35. 相五退三　马6退4

36. 帅五退一　马4进6

37. 帅五进一　车2进8

38. 帅五进一　马6退5

39. 车二平五(图19)　炮3进4

如图19形势，黑方进炮保马，巧妙！犹如给红方施了“定身法”一般，黑方以下可从容展开攻势。

蒋川

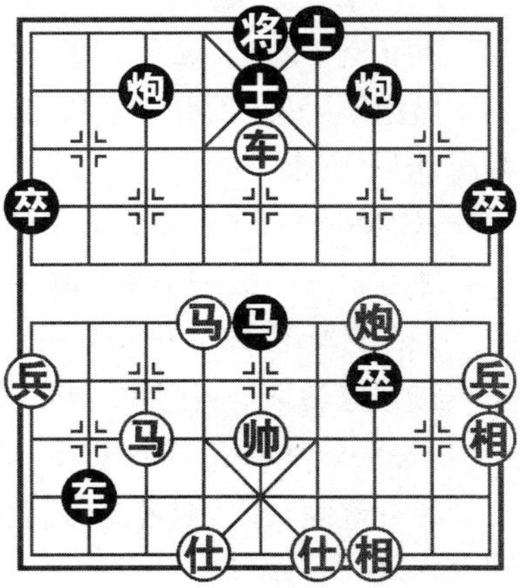

党斐

图19

40. 车五平七　…………

红方如改走仕六进五，则车2退1，或卒7平6，红方也是坐以待毙。

40. …………　卒7平6　　41. 仕四进五　炮7进3

黑方升炮催杀，红方防不胜防。

42. 车七退二　车2退1　　43. 车七平四　卒6平5

44. 帅五平四　卒5平4

黑方得子且有强大攻势，红方只能认负。

第20局　江苏徐超（先负）湖北汪洋

（2010年9月18日于东莞凤岗）

第4届"杨官璘"杯全国象棋公开赛

1. 炮二平五　马8进7　　2. 马二进三　卒7进1

3. 车一平二　车9平8　　4. 车二进六　马2进3

5. 兵七进一　炮8平9　　6. 车二平三　炮9退1

7. 兵五进一　炮9平7　　8. 车三平四　马7进8

形成中炮过河车急进中兵对屏风马平炮兑车的阵势，此时黑方置红方中路威胁而不顾，径直接外马反击是一种新尝试，优劣尚待更多的实战对局印证。传统的应着都是士4进5，兵五进一，卒7进1，双方对攻。

9. 车四进二　…………

红方车捉炮似并无好处，可考虑改走兵五进一，炮7平5，马八进七的走法。

9. …………　炮7进1

黑炮不轻发，正着。如改走炮7进5，则马三进五，黑方左翼红方没有有效牵制，中路空虚不利。

10. 兵五进一　马8进7

黑方踏三兵威胁中炮，牵制了红方中路的攻势。

11. 车四退五　…………

红方退马别马，保持中路的进击之势。

11. …………　士4进5　　12. 马八进七　…………

红方进马较缓，可考虑改走兵五进一开放中路，黑如接走马3进5，则马八进七，要比实战结果为好。

12. …………　卒5进1　　13. 马七进五　象3进5

14. 马五进六　车1平3　　15. 炮八平七　车8进3

黑方严阵以待，子力协调，多两个强卒，前景乐观。

16. 车九平八　…………

红方如改走兵七进一，则马3进5借势腾挪，红方也不利。

16. ………… 车8平4

黑方平车阻击红马，红方已是进退维谷，十分不利。

17. 马三进五 卒5进1 18. 炮五进二 车4进1

19. 炮五平三 车4进2

黑方进车牵制红方车马，终成红方致命的弱点。

20. 炮三进三 马7退8 21. 炮三平七 车3进2

22. 车八进五 卒3进1 23. 仕四进五 炮2平1

24. 炮七平五 车3退2 25. 兵七进一 炮1进4

26. 兵七进一(图20) 炮1平5

如图20形势，黑方抓住红方车马被牵制的弱点，捕获一子，取得胜势局面。

27. 帅五平四 车3平4

28. 车八平三 炮5退1

黑方退炮巧兑，简化局面，好棋！

29. 车四平六 象5进7

30. 车六平二 马8退9

31. 车二平九 象7退5

32. 车九进三 车4进6

33. 兵七进一 车4平7

34. 兵七进一 车7进3

35. 帅四进一 车7退1

36. 帅四退一 车7退5

汪洋

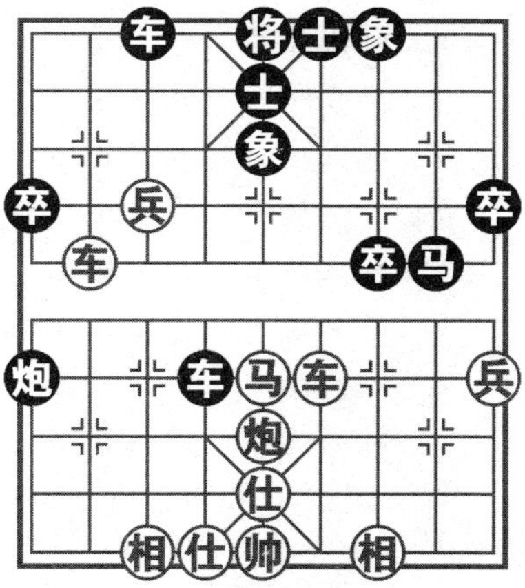

徐超

图20

37. 车九退三 车7平6 38. 帅四平五 车6平4

39. 车九平五 炮5进2 40. 相七进五 马9进7

形成车马对车单缺相的残局，有一组对头兵(卒)红方无法解决，红方败势。

41. 仕五进四 马7退8

42. 仕六进五 马8进6 43. 仕五退六 马6进7

44. 仕六进五 士5退4 45. 仕五退六 士6进5

46. 仕六进五 车4平1 47. 兵七平八 士5进6

48. 仕五退六 车1平8 49. 仕六进五 车8进6

50. 仕五退四 车8退8 51. 车五平八 车8进6

52. 仕四进五 马7进5 53. 车八平五 车8进2

54. 仕五退四　马5退3　55. 仕四退五　车8退8
56. 兵八进一　车8平2　57. 兵八平九　士4进5
58. 仕五退六　车2平4　59. 仕四进五　车4退1
60. 车五平九　马3进5　61. 帅五平四　马5退7
62. 帅四平五　象5进3　63. 仕五进四　象3退1

黑方残局下得非常老练，采用逐个击破的战术，先消灭红方过河兵，不给对手任何机会。

64. 仕六进五　车4平1　65. 车九平五　车1平2
66. 仕五退六　车2进5　67. 仕六进五　象7进5
68. 仕五退六　车2平6　69. 仕六进五　车6进1
70. 车五平四　马7进6　71. 帅五平六　卒9进1
72. 相五退三　马6退8　73. 相三进五　马8进7
74. 帅六进一　马7退9　75. 帅六退一　马9退8
76. 相五退三　卒9进1　77. 帅六进一　卒9平8
78. 帅六退一　卒8进1　79. 帅六进一　卒8平7
80. 帅六退一　卒7平6　81. 帅六进一　卒6平5
82. 帅六退一　马8进7　83. 帅六进一　马7进6

以下黑方马6退8，再平卒捉死红相，形成马卒必胜双仕的简单残局，红方认负。